保育者論

新 基本保育シリーズ 7

監修
公益財団法人
児童育成協会

編集
矢藤 誠慈郎
天野 珠路

中央法規

新・基本保育シリーズ
刊行にあたって

　認可保育所を利用したくても利用できない、いわゆる「保育所待機児童」は、依然として社会問題になっています。国は、その解消のために「子育て安心プラン」のなかで、保育の受け皿の拡大について大きく謳っています。まず、2020年度末までに全国の待機児童を解消するため、東京都ほか意欲的な自治体への支援として、2018年度から2019年度末までの2年間で必要な受け皿約22万人分の予算を確保するとしています。さらに、女性就業率80％に対応できる約32万人分の受け皿整備を、2020年度末までに行うこととしています。

　子育て安心プランのなかの「保育人材確保」については、保育補助者を育成し、保育士の業務負担を軽減するための主な取り組みとして、次の内容を掲げています。

・処遇改善を踏まえたキャリアアップの仕組みの構築
・保育補助者から保育士になるための雇上げ支援の拡充
・保育士の子どもの預かり支援の推進
・保育士の業務負担軽減のための支援

　また、保育士には、社会的養護、児童虐待を受けた子どもや障害のある子どもなどへの支援、保護者対応や地域の子育て支援など、ますます多様な役割が求められており、保育士の資質および専門性の向上は喫緊の課題となっています。

　このような状況のなか、2017（平成29）年3月の保育所保育指針、幼稚園教育要領、幼保連携型認定こども園教育・保育要領の改定・改訂、2018（平成30）年4月の新たな保育士養成課程の制定を受け、これまでの『基本保育シリーズ』を全面的に刷新し、『新・基本保育シリーズ』として刊行することになりました。

　本シリーズは、2018（平成30）年4月に新たに制定された保育士養成課程の教科目の教授内容等に準拠し、保育士や幼稚園教諭など保育者に必要な基礎知識の習得を基本に、学生が理解しやすく、自ら考えることにも重点をおいたテキストです。さらに、養成校での講義を想定した目次構成になっており、使いやすさにも配慮しました。

　本シリーズが、保育者養成の現場で、保育者をめざす学生に広く活用されることをこころから願っております。

公益財団法人　児童育成協会

は じ め に

　本書は、2017（平成29）年の保育所保育指針の改定を受け、翌2018（平成30）年
４月に改正された保育士養成課程に基づき作成されている。保育士養成課程は、大
学等の指定保育士養成施設で保育士を養成するためのカリキュラムの基準となるも
ので、厚生労働大臣から教科目と教授内容、取得単位数等が明示されている。ま
た、保育士養成課程は、教育職員免許法施行規則に示された教職（幼稚園教諭）に
関する科目と一部対応されており、現在、多くの指定保育士養成施設では、保育士
と幼稚園教諭の同時養成（両免取得）が可能となっている。

　一方、2001（平成13）年に保育士の国家資格化が図られ、保育士の定義が「児童
の保育及び児童の保護者に対する保育に関する指導を行うことを業とする者」と改
められて以降、保育士の社会的役割や責任が強く求められている。また、子育てを
めぐる家庭や地域の状況が変化し、子育ての不安感や孤立感が高まり、児童虐待も
増加している。こうしたなかで、国においては「すべての子どもへの良質な成育環
境を保障し、子どもを大切にする社会の実現」をめざす「子ども・子育て支援新制
度」が創設され、2015（平成27）年度より施行された。

　保育所保育指針や保育士養成課程の改定もこうしたことをふまえて行われている。
ことに、近年、保育所等に入所する子どもの数が増え、０歳児の15.6％、１、２歳
児の47.0％、３歳以上児の51.4％が保育所等で日々生活しているなかで、保育者の役
割はたいへん重要なものとなっており、その専門性への期待も高まっている。また、
2017（平成29）年度に「保育士等キャリアアップ研修ガイドライン」が整備され、
各都道府県において保育士等を対象としたキャリアアップ研修が開始されている。

　こうした状況をふまえ、2018（平成30）年の保育士養成課程の改正において、本
教科目「保育者論」の「目標」および「内容」が、一部改められた。このことにつ
いて、厚生労働省の通知では「保育者としてのキャリアアップの重要性、保育内容
及び職員の質の向上に関する組織的な体制及び取組に関する内容、保育士として実
践を振り返ること等を教授内容に含め、実効性をもって教育が展開されるよう配慮
すること」としている。

　なお、同通知において、厚生労働省が示した本教科目「保育者論」の〈目標〉は
次の５つとなっている。

　１．保育者の役割と倫理について理解する。
　２．保育士の制度的な位置づけを理解する。
　３．保育士の専門性について考察し、理解する。

４．保育者の連携・協働について理解する。

５．保育者の資質向上とキャリア形成について理解する。

本書はこの〈目標〉をふまえ、〈内容〉で示された項目に即した構成となっている。

具体的には、第１講において、保育士の役割や職務内容について解説するとともに、学校教育法および幼稚園教育要領に規定されている幼稚園教諭の役割についても合わせて取り上げる。

第２講「保育者の倫理」では、保育専門職としての倫理や社会的責任について解説するとともに、全国保育士会倫理綱領を読み解いていく。

第３講「保育者の資格と責務」では、保育士の制度的位置づけをふまえ、その資格・要件・責務を具体的に取り上げていく。

第４講から第８講では、「保育士の専門性」について、その資質・能力および保育の自己評価などについて解説する。特に、第５講「養護および教育の一体的展開」では、保育所保育指針の内容を中心に養護と教育を担う保育士の専門性やその実践について、また第６講「家庭との連携と保護者に対する支援」では、保護者支援の必要性や支援内容とともに地域の子育て支援について取り上げる。さらに、第７講「計画に基づく保育の実践と省察・評価」および第８講「保育の質の向上」において、今般の改正で特に求められているカリキュラム・マネジメントや保育の質の向上に係る PDCA サイクル（計画、実践、評価、改善）の手法などを学ぶ。

第９講から第12講では、「保育者の連携・協働」として、職員間の連携・協働（第９講）、医療機関や療育機関等、専門機関との連携・協働（第10講）、自治体や関係機関との連携・協働（第11講）について学んでいく。また、第12講では、子ども・子育て支援新制度において創設された「地域型保育事業」について取り上げ、特に家庭的保育について解説する。

最後に「保育者の資質向上とキャリア形成」についての学びを深めるために、「資質向上に関する組織的取組」（第13講）や「保育者の専門性の向上とキャリア形成の意義」（第14講）について解説するとともに、「保育におけるリーダーシップ」（第15講）についても説明している。

「保育者論」は、保育士をはじめ幼稚園教諭、保育教諭など多様化する保育者像を見据え、子どもの育ちと保護者の子育てを支える保育者の専門性やキャリア形成について学ぶ科目である。

本書が多くの方々にご活用いただくことを願うとともに、お気づきの点があればご意見をお寄せいただき、今後ともよりよいテキストとして改訂を重ねていきたい。

2019年１月

天野珠路

本書の特徴

- **3Stepによる内容構成で、基礎から学べる。**
- **国が定める養成課程に準拠した学習内容。**
- **各講は見開きで、見やすく、わかりやすい構成。**

Step1

基本的な学習内容

保育者として必ず押さえておきたい
基本的な事項や特に重要な内容を学ぶ

Step1

1. 保育士の役割——児童福祉法より

保育士は、児童福祉法において「保育士とは、第18条の18第1項の登録を受け、保育士の名称を用いて、専門的知識及び技術をもって、児童の保育及び児童の保護者に対する保育に関する指導を行うことを業とする者」(第18条の4)と規定されている。

以上のように法律では、保育士の2つの役割が明記されている。すなわち、保育士の役割は、まず、18歳未満の者(子ども)の保育を行うことである。次に、その子どもの保護者に対して子育てにかかわる支援を行うことである。

この2つの役割は、保育士の勤務する施設種別や保育士の職階などによってウエイトは違なるが、すべての保育士が担うべき役割である。

なお、保育士が勤務する職場としては保育所が最も多く、施設数も多いが、その他にも複数の施設がある。例えば、さまざまな事情(保護者の病気や経済的理由、虐待など)で家庭での生活が難しい、乳児が入所する乳児院、おおむね2歳から18歳までの子どもが生活する児童養護施設がある。また、障害児入所施設にも保育士は勤務している。障害児入所施設では、障害のある子どもが入所し、そこで日常生活の指導や自活のための支援を行っている。

2. 保育所の役割

保育所の役割は、保育所保育指針(以下、保育指針)の「第1章 総則」の「1 〔1〕保育所の役割」において明記されている。そのなかのエにおいて、「保育所における保育士は、児童福祉法第18条の4の規定を踏まえ、保育所の役割及び機能が適切に発揮されるように、倫理観に裏付けられた専門的知識、技術及び判断をもって、子どもを保育するとともに、子どもの保護者に対する保育に関する指導を行う」と示されている。

つまり、保育所保育士の役割とは、「保育所の役割及び機能が適切に発揮されるように」子どもの保育を行う役割と、子どもの保護者に対する保育に関する指導を行う役割(以下、保護者支援)を担っている。要するに保育所保育士の役割は、保育所の役割や機能によって特徴づけられており、それが保育指針の「第1章 総則」の「1〔1〕保育所の役割」のア～ウに記載されている。

まず、アにあるように保育所は「保育を必要とする子どもの保育を行い、その健全な心身の発達を図ることを目的とする児童福祉施設」とあることから、保育所

図表1-1 保育所保育指針 第1章 総則 1(1)保育所の役割

ア 保育所は、児童福祉法(昭和22年法律第164号)第39条の規定に基づき、保育を必要とする子どもの保育を行い、その健全な心身の発達を図ることを目的とする児童福祉施設であり、入所する子どもの最善の利益を考慮し、その福祉を積極的に増進することに最もふさわしい生活の場でなければならない。

イ 保育所は、その目的を達成するために、保育に関する専門性を有する職員が、家庭との緊密な連携の下に、子どもの状況や発達過程を踏まえ、保育所における環境を通して、養護及び教育を一体的に行うことを特性としている。

ウ 保育所は、入所する子どもを保育するとともに、家庭や地域の様々な社会資源との連携を図りながら、入所する子どもの保護者に対する支援及び地域の子育て家庭に対する支援等を行う役割を担うものである。

エ 保育所における保育士は、児童福祉法第18条の4の規定を踏まえ、保育所の役割及び機能が適切に発揮されるように、倫理観に裏付けられた専門的知識、技術及び判断をもって、子どもを保育するとともに、子どもの保護者に対する保育に関する指導を行うものであり、その職務を遂行するための専門性の向上に絶えず努めなければならない。

育士はその目的のために保育を行う役割を有している。

保育所保育の特性は、イにあるように、家庭との連携、子どもの状況や発達過程をふまえること、環境を通して行うこと、養護と教育を一体的に行うことである。そのため、保育所保育士は家庭との連携、環境を構成すること、子どもの生命の保持や情緒の安定を図り、発達の援助を行う役割を有し、それに伴う職務内容がある。

また、ウにあるように、保育所は家庭や地域と連携しながら、入所する子どもの保護者への子育て支援を行う。さらに地域の子育て家庭に対する支援を行う役割も

図表1-2 児童福祉法及び保育所保育指針における保育士の役割と職務内容(一部)

児童福祉法に基づく役割	保育指針に示される役割	保育指針に示される職務内容(一部)
保育を必要とする子どもの保育を行う	・子どもの生命の保持と情緒の安定を図る ・保育所における環境を通して、子どもの発達を援助する ・保護者との連携を行う	・生命の保持や情緒の安定を図るための援助・関わり ・健康・安全の確保 ・子どもが健やかに成長し、その活動が豊かに展開されるための発達の援助 ・指導計画の策定及び評価 ・専門性を高めるための取り組み
子どもの保護者に対する保育に関する指導を行う	・保育士の専門性に基づく子育て支援を行う ・保護者や社会資源との連携を行う	・保護者との相互理解 ・保護者の状況に応じた個別支援 ・地域子育て支援 ・地域の関係機関などとの連携・協働

Step2

1. 家庭的保育の実際

ここでは地域型保育のなかから家庭的保育の実際を取り上げる。

家庭的保育の特徴

家庭的保育の主な特徴は、①少人数の異年齢保育、②メンバー構成が流動的、③個別的配慮が可能、④多様な人々との交流(異年齢の子ども同士の交流、地域の人々との触れ合い)、⑤個々の家庭の状況に配慮したきめ細やかな子育て支援が可能であることがあげられる。

異年齢保育とは

異年齢保育とは、月齢・年齢の異なる子どもたちを一緒に保育することをいう。保育所では異年齢保育のことを「縦割り保育」という。通常、保育園では年齢別クラス運営(いわゆる「横割り保育」)が多いが、子どもも先生もお体年等で少なくなることが多い夏休みなどに、期間を設けて子どもたちに意図的に異年齢同士のふれ合いを楽しませるために縦割り保育を行うケースがある。また預かり保育や延長保育の際は毎日縦割り保育を行う園も増えている。

縦割り保育でとまどうのは、子どもよりもむしろ保育者であることが多い。それは異年齢保育をどのように行ったらよいのかわからないからである。同年齢の子どもたちが5人いるのと異年齢児が5人集まるのとでは、保育の難しさは違ってくる。乳児は月齢が1か月違うだけで興味や関心、反応、理解度等に個人差があり、

Step3

1. マネジメントとは

マネジメントは、「経営」などと訳すことができる。経営というと、企業が利益を上げる努力と考えられがちであるが、より根本的な意義としては、限られた資源を活用して最大限の成果をあげようとする努力や工夫のことである。時代が変わったから経営が必要になったというのではなく、園という組織に経営は本来不可欠だ。

では園のリーダーはどのような資源をマネジメントしていくのだろうか。マネジメントの対象となる資源として、一般には、カネ（財務）、ヒト（人事）、モノ（施設・設備）等があげられる。それらももちろん、広い意味でのマネジメントの重要な側面だ。しかしここでは、保育の質を高めるチームをつくっていくためにマネジメントすべき対象として、価値、専門知、組織文化をあげておきたい。

2. 保育の質の向上へのマネジメント

価値のマネジメント

保育の質を高めるチームをつくるためにマネジメントする対象として価値をマネジメントするとはどういうことだろうか。それは、園の保育の質を確かなものとしていくこと、つまり園が本来もつべき価値を、目に見えるものとして具体的に実現していくことである。

各園が大切にしている価値は、保育理念や保育目標に象徴的に示される。問題は、それをどう実践につなげて実際に成果をあげていくかだ。価値がぶれないよう……[以下略]

園ではこれらの専門知を組織的に培っていく必要がある。つまり、知（knowledge）のマネジメント（ナレッジ・マネジメント）が必要になってくる。その際、科学知は、研修などを通じて、専門家による適切な調練を通じて身に付けていくことになる。一方、経験知は、実践の積み重ねにより保育者に蓄積される。こうした知を個々人の内に留めず、園内研修などを通じて交わし合い、高め合うことで、個々の保育者の専門性が向上し、園が保育の質を高めるチームとなっていくことができる。こうした専門知の交流をうながす（ファシリテートする）ことが、リーダーの役割の1つである。

組織文化のマネジメント

組織文化とは、シャイン（Schein, E. H.）によると、「組織成員に共有された、価値、規範、信念の体系」である。シャインのいう価値とは、組織にとって何が善で何が正しいことなのかについての考え方であり、規範とは、組織においてどのような行動が取られるべきかについての、多くの場合明文化されていない規則であり、信念とは、「～すべき」、「AとはBである」といった、事実認識にかかわるものである。保育リーダーは、園の組織文化をよりよいものへと方向づけていくために、子どもの最善の利益を目指し、保育理念を適切に設定して保育者間で共有し、そのために質の高い保育を行い、実践の質を向上させるよう積極的に試行錯誤していかなければならない。

3. 組織のプロセスをマネジメントする

保育所保育指針においては「第1章 総則」の「3 保育の計画及び評価」、幼稚園教育要領においては「第1章 総則」の「第4 指導計画の作成と幼児理解に基づいた評価」、幼保連携型認定こども園教育・保育要領においては、「第1章 総則」の「第2 教育及び保育の内容並びに子育ての支援等に関する全体的な計画等」において、保育・教育のカリキュラムをマネジメントすることが求められている。そして保育の質を高めるマネジメントの過程のあり方として、「PDCAサイクル」（Plan-Do-Check-Action：計画・実践・評価・省察・改善）をふまえた取り組みが求められている。リーダーは、PDCAサイクルを意識した保育の過程をマネジメントし、その過程にすべての保育者をとおして、園が組織的に保育の質の向上に向かうようなチームをつくっていかなければならない。

Step2

また、少人数の保育は応答的なかかわりをもちやすいので、愛着関係や、人間関係も形成しやすい。

低年齢児の場合はゆったりとした環境で安定した生活リズムを獲得することが重要になってくるので、ある程度幅をもたせたデイリープログラムは、子どもが自分でしようとする気持ちをもつことによって見守り、できない所だけを手伝うことを可能にすることから、子どもの気持ちを尊重した保育として3歳未満児の保育に適している。

2. 家庭的保育の遊びの特徴

0歳児の発達の特徴をつかんだ保育

生後3か月を過ぎると、まどろみから覚めた赤ちゃんは、年齢の高い子どもたちの遊んでいる声が聴こえると、まるで一緒にいたい、連れて行ってというかのように泣いて訴えてくることがある。自ら移動はできないが、視覚や聴覚などの感覚の発達にともない、見ること聴くことが楽しくなり同じ場所で年齢の高い子どもと一緒に過ごしたようになる。ベッドで過ごす方が良いのか、年齢の高い子どもたちが遊んでいる近くで保育者の見守りの中で過ごす方が良いのか、どちらか心地良いにする。「赤ちゃんだからできない」といってその活動から排除するのではなく、それぞれの月齢に必要な体験が得られるように、乳児期から子ども同士のかかわりがうまれるような遊びや時間、場を共有する保育内容の工夫が求められる。

ハイハイが始まると自らの力で移動することができるようになるので、動くことにより、1、2、3歳児と一緒に遊ぶことが可能になる。誤飲、けが、事故防止に気を配りつつ探索活動を充分に保障したい。

写真12-1 聞くのが好き

写真12-2 見るのが好き

Step3

発展的な学習内容
近年の動向、関連領域の知識など、発展的な内容を学ぶ

Step2

基本を深めた学習内容
Step1をふまえ、より詳しい内容、
多様化する保育者の役割、
児童福祉や教育との関連などを学ぶ

保育士養成課程——本書の目次
対応表

　指定保育士養成施設の修業教科目については国で定められており、養成課程を構成する教科目については、通知「指定保育士養成施設の指定及び運営の基準について」（平成15年雇児発第1209001号）において、その教授内容が示されている。

　本書は保育士養成課程における「教科目の教授内容」に準拠しつつ、授業で使いやすいよう全15講に目次を再構成している。

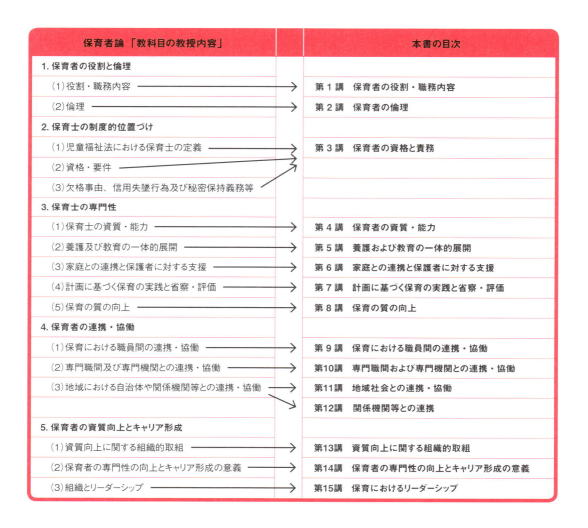

保育者論「教科目の教授内容」	本書の目次
1. 保育者の役割と倫理	
（1）役割・職務内容	第1講　保育者の役割・職務内容
（2）倫理	第2講　保育者の倫理
2. 保育士の制度的位置づけ	
（1）児童福祉法における保育士の定義	第3講　保育者の資格と責務
（2）資格・要件	
（3）欠格事由、信用失墜行為及び秘密保持義務等	
3. 保育士の専門性	
（1）保育士の資質・能力	第4講　保育者の資質・能力
（2）養護及び教育の一体的展開	第5講　養護および教育の一体的展開
（3）家庭との連携と保護者に対する支援	第6講　家庭との連携と保護者に対する支援
（4）計画に基づく保育の実践と省察・評価	第7講　計画に基づく保育の実践と省察・評価
（5）保育の質の向上	第8講　保育の質の向上
4. 保育者の連携・協働	
（1）保育における職員間の連携・協働	第9講　保育における職員間の連携・協働
（2）専門職間及び専門機関との連携・協働	第10講　専門職間および専門機関との連携・協働
（3）地域における自治体や関係機関等との連携・協働	第11講　地域社会との連携・協働
	第12講　関係機関等との連携
5. 保育者の資質向上とキャリア形成	
（1）資質向上に関する組織的取組	第13講　資質向上に関する組織的取組
（2）保育者の専門性の向上とキャリア形成の意義	第14講　保育者の専門性の向上とキャリア形成の意義
（3）組織とリーダーシップ	第15講　保育におけるリーダーシップ

CONTENTS

新・基本保育シリーズ　刊行にあたって
はじめに
本書の特徴
保育士養成課程——本書の目次　対応表

第1講　保育者の役割・職務内容

Step1　**1.** 保育士の役割——児童福祉法より ⋯⋯⋯⋯⋯⋯⋯⋯⋯ 2
　　　　　2. 保育所の役割 ⋯⋯⋯⋯⋯⋯⋯⋯⋯⋯⋯⋯⋯⋯⋯⋯ 2
　　　　　3. 保育所保育士の専門性と役割・職務内容 ⋯⋯⋯⋯⋯ 4
　　　　　4. 階層・職位ごとの役割・職務内容 ⋯⋯⋯⋯⋯⋯⋯⋯ 7

Step2　**1.** 幼稚園教諭の役割と職務内容——学校教育法より ⋯⋯ 8
　　　　　2. 保育における役割と職務内容 ⋯⋯⋯⋯⋯⋯⋯⋯⋯⋯ 8
　　　　　3. 子育て支援における役割と職務内容 ⋯⋯⋯⋯⋯⋯⋯ 9

Step3　**1.** 保育者の役割と職務内容 ⋯⋯⋯⋯⋯⋯⋯⋯⋯⋯⋯ 10
　　　　　2. 事例からみる保育者の役割——遊び場面における保育者の役割 ⋯ 10

COLUMN 発達理解の大切さ ⋯⋯⋯⋯⋯⋯⋯⋯⋯⋯⋯⋯⋯ 12

第2講　保育者の倫理

Step1　**1.** 専門的倫理（専門職倫理、職業倫理）とは ⋯⋯⋯⋯ 14
　　　　　2. 専門的倫理と法律 ⋯⋯⋯⋯⋯⋯⋯⋯⋯⋯⋯⋯⋯⋯ 15

Step2　**1.** 倫理綱領とは ⋯⋯⋯⋯⋯⋯⋯⋯⋯⋯⋯⋯⋯⋯⋯⋯ 16
　　　　　2. 保育所保育士の専門的倫理 ⋯⋯⋯⋯⋯⋯⋯⋯⋯⋯ 17
　　　　　3. 専門的倫理を高めるために ⋯⋯⋯⋯⋯⋯⋯⋯⋯⋯ 21

Step3　**1.** 専門的倫理に関する課題——倫理的ジレンマ ⋯⋯⋯ 22
　　　　　2. 倫理的ジレンマに取り組むために ⋯⋯⋯⋯⋯⋯⋯ 22

第3講　保育者の資格と責務

Step1　**1.** 保育士の定義 ⋯⋯⋯⋯⋯⋯⋯⋯⋯⋯⋯⋯⋯⋯⋯⋯ 26
　　　　　2. 保育士が働く場所 ⋯⋯⋯⋯⋯⋯⋯⋯⋯⋯⋯⋯⋯⋯ 27
　　　　　3. 保育士の資格とその要件 ⋯⋯⋯⋯⋯⋯⋯⋯⋯⋯⋯ 28

vii

		4. 保育士の研修	30
Step2	**1.** 幼稚園教諭の職務	32
	2. 幼稚園教諭の資格とその要件	32
	3. 幼稚園教諭の研修	35
Step3	**1.** 保育教諭という新たな職とその要件	36
	2. 子育て支援員	36
COLUMN	保育者の専門性の成長にともなう職務と処遇の対応	38

第4講　保育者の資質・能力

Step1	保育士の資質・能力とは	40
Step2	**1.** 幼稚園教諭に求められる資質・能力	46
	2. 仕事をするうえで必要な資質・能力	47
Step3	子どもの育ちを支える専門職の資質・能力	48
COLUMN	保育者として成長し続けること	50

第5講　養護および教育の一体的展開

Step1	**1.** 保育所保育における「養護」と「教育」	52
	2.「養護」と「教育」が一体となった保育	53
	3.「養護」と「教育」の保育内容	54
	4.「養護」と「教育」を展開するための環境	56
Step2	**1.** 幼稚園の「教育」	58
	2. 5領域に基づく「教育」の展開	58
Step3	**1.** 子どもの日常生活における保育士のかかわりと援助	60
	2. 遊びの場面における保育士のかかわりと援助	61
COLUMN	社会的養護	62

第6講　家庭との連携と保護者に対する支援

Step1	**1.** 家庭との連携の必要性	64
	2. 保護者への支援の必要性	65

Step2	**1.** 保育所等における子育て支援	68
	2. 子育て支援の基本	68
	3. 保育所等の特性を活かした支援	70
	4. 地域や関係機関との連携の必要性	71
Step3	**1.** 保育所を利用している保護者に対する子育て支援	72
	2. 地域の子育て家庭に対する子育て支援	73
COLUMN	保育園児をもつ母親の仕事と子育ての葛藤	74

第7講　計画に基づく保育の実践と省察・評価

Step1	**1.** 保育の計画	76
	2. 保育の実践と省察──PDCA サイクル	77
	3. 保育内容等の評価	80
	4. 園の取り組みや保育者の思いを保護者と共有するために	81
Step2	**1.** 幼児の主体性と指導の計画性	82
	2. 指導計画作成上の基本的事項	82
Step3	具体的な評価方法	84
COLUMN	ビデオ視聴による園全体の評価	86

第8講　保育の質の向上

Step1	**1.** 集団で行う保育について	88
	2. 保育の質を向上するということ	90
	3. 保育の評価	93
Step2	**1.** 幼児理解に基づいた評価の実施	94
	2. 評価の妥当性を保障するために	95
Step3	**1.** 保育を評価する視点の1つとしての保育者の「葛藤」	96
	2.「葛藤」の質が変わっていくということ	96
COLUMN	子どもも保育者も楽しくなる保育	98

第9講　保育における職員間の連携・協働

Step1　1. 協働の第一歩は組織体制の構築 100
　　　　　2. 保育における職員間の連携 101
　　　　　3. 保育における情報提供と協働 102
　　　　　4. 保護者、地域への説明責任と協働 104

Step2　1. ドキュメンテーションと評価 106
　　　　　2. 評価と PDCA サイクル 106

Step3　1. ドキュメンテーションと協働 108
　　　　　2. ミニ・ドキュメンテーションの勧め 108
　　　　　3. 保護者や地域との協働へ 109

COLUMN 園の協働の一コマ 112

第10講　専門職間および専門機関との連携・協働

Step1　1. 専門職間の連携・協働 114
　　　　　2. 専門機関との連携・協力 115

Step2　1. 医療機関との連携 116
　　　　　2. 保健機関との連携 118
　　　　　3. 療育機関との連携 119

Step3　1. 教育機関との連携 122
　　　　　2. 保育士養成校（大学等）との連携 123

COLUMN マイ保育園について 124

第11講　地域社会との連携・協働

Step1　1. 子どもを取り巻く社会 126
　　　　　2. 自治体との連携 127

Step2　1. 保育における地域との連携 128
　　　　　2. 地域社会との連携・交流の実践例 129
　　　　　3. 保育所と小学校の連携・交流 132

Step3　1. 自然災害と防災対策 134
　　　　　2. 災害に関する地域との連携・協働 135

COLUMN 保育園と小学校との交流「5・5交流を中心に」 ⋯⋯⋯⋯⋯⋯⋯ 136

第12講　関係機関等との連携

Step1
1. 地域型保育事業の概要 ⋯⋯⋯⋯⋯⋯⋯⋯⋯⋯⋯⋯⋯⋯ 138
2. 地域型保育の定義 ⋯⋯⋯⋯⋯⋯⋯⋯⋯⋯⋯⋯⋯⋯⋯ 138
3. 保育事業の認可基準について ⋯⋯⋯⋯⋯⋯⋯⋯⋯⋯⋯ 139

Step2
1. 家庭的保育の実際 ⋯⋯⋯⋯⋯⋯⋯⋯⋯⋯⋯⋯⋯⋯⋯ 140
2. 家庭的保育の遊びの特徴 ⋯⋯⋯⋯⋯⋯⋯⋯⋯⋯⋯⋯ 141
3. 家庭的保育の安全対策と連携 ⋯⋯⋯⋯⋯⋯⋯⋯⋯⋯⋯ 143

Step3
1. 家庭的保育のこれから ⋯⋯⋯⋯⋯⋯⋯⋯⋯⋯⋯⋯⋯ 146
2. 保育士の新たな職業選択の一つとして ⋯⋯⋯⋯⋯⋯⋯ 147
3. 質の高い家庭的保育の必要性 ⋯⋯⋯⋯⋯⋯⋯⋯⋯⋯⋯ 147

COLUMN 多様なニーズに即した保育形態 ⋯⋯⋯⋯⋯⋯⋯⋯⋯⋯⋯ 148

第13講　資質向上に関する組織的取組

Step1
1. 資質向上とは ⋯⋯⋯⋯⋯⋯⋯⋯⋯⋯⋯⋯⋯⋯⋯⋯ 150
2. 個々の保育士の資質向上のために ⋯⋯⋯⋯⋯⋯⋯⋯⋯ 150
3. 組織的な取り組み ⋯⋯⋯⋯⋯⋯⋯⋯⋯⋯⋯⋯⋯⋯⋯ 151
4. 組織的な取り組みを支える同僚性 ⋯⋯⋯⋯⋯⋯⋯⋯⋯ 152

Step2
1. 職員間の連携・協働と同僚性 ⋯⋯⋯⋯⋯⋯⋯⋯⋯⋯⋯ 154
2. 園内研修による資質向上の取り組み ⋯⋯⋯⋯⋯⋯⋯⋯ 154
3. 省察的実践者としての保育士 ⋯⋯⋯⋯⋯⋯⋯⋯⋯⋯⋯ 156
4. 幼稚園、認定こども園 ⋯⋯⋯⋯⋯⋯⋯⋯⋯⋯⋯⋯⋯ 156

Step3
1. 園内研修で同僚性を高める ⋯⋯⋯⋯⋯⋯⋯⋯⋯⋯⋯⋯ 158
2. 園内研修の実践例 ⋯⋯⋯⋯⋯⋯⋯⋯⋯⋯⋯⋯⋯⋯⋯ 158
3. 園内研修を行う際の工夫や配慮 ⋯⋯⋯⋯⋯⋯⋯⋯⋯⋯ 159

第14講　保育者の専門性の向上とキャリア形成の意義

Step1
1. 保育者としての専門性の向上 ⋯⋯⋯⋯⋯⋯⋯⋯⋯⋯⋯ 162
2. 保育者の専門性 ⋯⋯⋯⋯⋯⋯⋯⋯⋯⋯⋯⋯⋯⋯⋯⋯ 162
3. 保育者の倫理観 ⋯⋯⋯⋯⋯⋯⋯⋯⋯⋯⋯⋯⋯⋯⋯⋯ 164

	4. 保育者としての成長発達段階	165
	5. 専門性の向上をうながす	167
Step2	保育士のキャリアパスと専門的成長	168
Step3	**1.** 保育所におけるキャリア形成	170
	2. キャリアの中断と継続	171
COLUMN	保育カンファレンス	172

第15講　保育におけるリーダーシップ

Step1	**1.** 保育所保育指針における職員の資質向上の基本	174
	2. 保育所保育指針におけるリーダーの役割	174
	3. 研修機会を提供する	175
	4. 研修を効果的に計画する	176
	5. 保育士等キャリアアップ研修	177
Step2	**1.** 保育におけるリーダーシップの基盤	178
	2. リーダーシップの技法	179
	3. 保育におけるリーダーシップのあり方	180
	4. 省察的なリーダー	181
Step3	**1.** マネジメントとは	182
	2. 保育の質の向上へのマネジメント	182
	3. 組織のプロセスをマネジメントする	183

参考資料

1. 階層・職位ごとの保育所保育士の職務内容	186
2. 乳児院　倫理綱領	187
3. 全国児童養護施設協議会　倫理綱領	188
4. 指定保育士養成施設の修業教科目および単位数ならびに履修方法	190
5. 幼稚園教育要領　5領域のねらい	191
6. 要保護児童対策地域協議会について(子どもを守る地域ネットワーク)	192

索引
企画委員一覧
編集・執筆者一覧

第 1 講

保育者の役割・職務内容

本講では、まず、保育所保育士の役割と職務内容について保育所保育指針と解説をもとに述べる。次に、幼稚園教諭の役割と職務内容について幼稚園教育要領と解説をもとに概観する。最後に、遊び場面での事例をもとにして、子どもの心身の発達をうながす保育や保育者の役割について具体的に学ぶ。

Step 1

1. 保育士の役割——児童福祉法より

　保育士は、児童福祉法において「保育士とは、第18条の18第1項の登録を受け、保育士の名称を用いて、専門的知識及び技術をもつて、児童の保育及び児童の保護者に対する保育に関する指導を行うことを業とする者」（第18条の4）と規定されている。

　以上のように法律では、保育士の2つの役割が明示されている。すなわち、保育士の役割は、まず、18歳未満の者（子ども）の保育を行うことである。次に、その子どもの保護者に対して子育てにかかわる支援を行うことである。

　この2つの役割は、保育士の勤務する施設種別や保育士の職階などによってウエイトは異なるが、すべての保育士が担うべき役割である。

　なお、保育士が勤務する職場としては保育所が最も多く、施設数も多いが、その他にも複数の施設がある。例えば、さまざまな事情（保護者の病気や経済的理由、虐待など）で家庭での生活が難しい、乳児が入所する乳児院、おおむね2歳から18歳までの子どもが生活する児童養護施設がある。また、障害児入所施設にも保育士は勤務している。障害児入所施設では、障害のある子どもが入所し、そこで日常生活の指導や自活のための支援を行っている。

2. 保育所の役割

　保育所の役割は、保育所保育指針（以下、保育指針）の「第1章　総則」の「1⑴　保育所の役割」において明記されている。そのなかのエにおいて、「保育所における保育士は、児童福祉法第18条の4の規定を踏まえ、保育所の役割及び機能が適切に発揮されるように、倫理観に裏付けられた専門的知識、技術及び判断をもって、子どもを保育するとともに、子どもの保護者に対する保育に関する指導を行う」と示されている。

　つまり、保育所保育士の役割とは、「保育所の役割及び機能が適切に発揮されるように」子どもの保育を行う役割と、子どもの保護者に対する保育に関する指導を行う役割（以下、保護者支援）を担っている。要するに保育所保育士の役割は、保育所の役割や機能によって特徴づけられており、それが保育指針の「第1章　総則」の「1⑴　保育所の役割」のア〜ウに記載されている。

　まず、アにあるように保育所は「保育を必要とする子どもの保育を行い、その健全な心身の発達を図ることを目的とする児童福祉施設」とあることから、保育所保

Step1 Step2 Step3

図表1-1 保育所保育指針　第1章　総則　1(1)　保育所の役割

> ア　保育所は、児童福祉法（昭和22年法律第164号）第39条の規定に基づき、保育を必要とする子ども
> の保育を行い、その健全な心身の発達を図ることを目的とする児童福祉施設であり、入所する子ども
> の最善の利益を考慮し、その福祉を積極的に増進することに最もふさわしい生活の場でなければなら
> ない。
> イ　保育所は、その目的を達成するために、保育に関する専門性を有する職員が、家庭との緊密な連携
> の下に、子どもの状況や発達過程を踏まえ、保育所における環境を通して、養護及び教育を一体的に
> 行うことを特性としている。
> ウ　保育所は、入所する子どもを保育するとともに、家庭や地域の様々な社会資源との連携を図りなが
> ら、入所する子どもの保護者に対する支援及び地域の子育て家庭に対する支援等を行う役割を担うも
> のである。
> エ　保育所における保育士は、児童福祉法第18条の4の規定を踏まえ、保育所の役割及び機能が適切に
> 発揮されるように、倫理観に裏付けられた専門的知識、技術及び判断をもって、子どもを保育すると
> ともに、子どもの保護者に対する保育に関する指導を行うものであり、その職責を遂行するための専
> 門性の向上に絶えず努めなければならない。

育士はその目的のために保育を行う役割を有している。

　保育所保育の特性は、イにあるように、家庭との連携、子どもの状況や発達過程
をふまえること、環境を通して行うこと、養護と教育を一体的に行うことである。
そのため、保育所保育士は家庭との連携、環境を構成すること、子どもの生命の保
持や情緒の安定を図り、発達の援助を行う役割を有し、それに伴う職務内容があ
る。

　また、ウにあるように、保育所は家庭や地域と連携しながら、入所する子どもの
保護者への子育て支援を行う。さらに地域の子育て家庭に対する支援を行う役割も

図表1-2 児童福祉法及び保育所保育指針における保育士の役割と職務内容

児童福祉法に基づく役割	保育指針に示される役割	保育指針に示される職務内容（一部）
保育を必要とする子どもの保育を行う	・子どもの生命の保持と情緒の安定を図る ・保育所における環境を通して、子どもの発達を援助する ・保護者との連携を行う	・生命の保持や情緒の安定を図るための援助・関わり ・健康・安全の確保 ・子どもが健やかに成長し、その活動が豊かに展開されるための発達の援助 ・指導計画の策定及び評価 ・専門性を高めるための取り組み
子どもの保護者に対する保育に関する指導を行う	・保育士の専門性に基づく子育て支援を行う ・保護者や社会資源との連携を行う	・保護者との相互理解 ・保護者の状況に応じた個別支援 ・地域子育て支援 ・地域の関係機関などとの連携・協働

第1講　保育者の役割・職務内容

3

担っており、児童福祉法において「保育所に勤務する保育士は、乳児、幼児等の保育に関する相談に応じ、及び助言を行うために必要な知識及び技能の修得、維持及び向上に努めなければならない」（第48条の4第2項）と定められている。

3. 保育所保育士の専門性と役割・職務内容

保育所保育指針解説では、保育所保育士の専門性を以下のように説明している。

①これからの社会に求められる資質を踏まえながら、子どもの発達に関する専門的知識を基に子どもの育ちを見通し、子どもの発達を援助する知識・技術

②子どもの発達過程や意欲を踏まえ、子ども自らが生活していく力を細やかに助ける生活援助の知識・技術

③保育所内外の空間や様々な設備、遊具、素材等の物的環境、自然環境や人的環境を生かし、保育の環境を構成していく知識・技術

④子どもの経験や興味や関心に応じて、様々な遊びを豊かに展開していくための知識・技術

⑤子ども同士の関わりや子どもと保護者の関わりなどを見守り、その気持ちに寄り添いながら適宜必要な援助をしていく関係構築の知識・技術

⑥保護者等への相談、助言に関する知識・技術

①〜⑤が保育に関する専門性で、⑥が子育て支援に関する専門性である。この6つの専門性にそって、保育所保育士の役割および職務内容について述べる。

子どもの成長・発達を援助する役割と職務

保育所の役割は「保育を必要とする子どもの保育を行い、その健全な心身の発達を図ること」（保育指針第1章）である。そのため、保育士の役割は、子どもの健全な心身の発達を支援することである。それは、保育指針の「第1章　総則」の「1⑵　保育の目標」に示されるように「子どもが現在を最も良く生き、望ましい未来をつくり出す力の基礎を培う」ことを意味する。

そのために、保育士は保育所の理念や子どもの実態などをふまえて全体的な計画や指導計画を作成しなければならない。そして、保育活動が終了すれば、保育の評価を実施し、翌日以降の保育に活かす必要がある。

また、保育士には子ども一人ひとりの心身の状態や発達過程を把握する役割が求められる。日々の子どもの行動観察や保護者からの情報収集によって行われるが、これは計画の策定や、後述するすべての役割において基礎となるものである。

さらに、子どもが主体的に活動できるような援助をすることである。まず、子どもが主体的に活動している場合、保育士はそれを受け止め、見守ったり、認めたりすることによって子どもの発達をうながす。また、後述する生活や遊び、環境構成を行いながら、子どもとかかわったり、モデルを示したり、提案したりすることで、子どもが主体的な活動ができるようにはたらきかける。

子ども自ら生活する力が身につくように援助する役割と職務

保育所における子どもの活動は、大きく生活と遊びに分けられる。ここでいう生活とは、食事、排泄、清潔、睡眠（休息）、着脱（衣類の調整）などにかかわる活動である。保育士には、この生活にかかわる活動のなかで果たす役割や職務がある。

まず、子ども理解であるが、保育士には食欲などの子どもの生理的な欲求の把握と、子どもの基本的生活習慣の発達状況の把握が求められる。前者であれば、例えば、子どもが泣いていたら、空腹のために泣いているのか、排泄をして不快だから泣いているのかを理解しなければならない。後者では、例えば、子どもの食事に関する習慣がどこまで身についているのかを理解する必要がある。

そのうえで、保育士は、生理的な欲求を満たすようなかかわりや、子どもが自分で基本的生活習慣を確立できるように援助を行う。このとき、保育士は、子どもの食事や排泄、着脱などについて子どもの発達状況や年齢などに応じて、全部あるいは一部を援助しなければならない。この援助は子どもの年齢が低いほど多くなるが、保育士のペースで援助するのではなく、子どもが食事などの行為を自分のこととして意識できるようにはたらきかける必要がある。また、子ども自身の「○○○したい」という意欲を育むことや、子どもが自分でできるところは見守ることも心がけるべきことである。

保育の環境を構成する役割と職務

子どもは、さまざまな環境とのやりとりを通して多様な経験をし、成長・発達する。保育指針の「第1章　総則」の「1(4)　保育の環境」において保育所は「環境が相互に関連し合い、子どもの生活が豊かなものとなるよう（中略）計画的に環境を構成し、工夫して保育しなければならない」と示されている。

ここで求められる環境とは、保健的で子どもが安全、安心して生活できる環境、子どもが自発的に生き生きと活動できるような環境、子どもが他者とかかわれるような環境である。

保育士は、そのために、子どもの発達状況や興味・関心などをしっかりと把握したうえで、それらや保育士のねらいに基づいて環境を構成しなければならない。一度環境を構成すればそれで終わりではなく、構成された環境と子どものやりとり（活動）の様子を保育士はしっかりと観察し、子どもの発達状況や興味・関心を把握したうえで環境を再構成する。

遊びの提供や援助を行う役割と職務

子どもにとって遊びとは、遊ぶこと自体が目的であり、子どもは時が経つのも忘れ、心や体を動かして夢中になって遊び、充実感を味わうような活動である。子どもは遊びを通して思考力や想像力を養い、友達と協力することや環境へのかかわり方などを体得する。しかし、何よりも今を十分に楽しんで遊ぶことが大切である。その満足感や達成感、また疑問や葛藤が子どもの成長をうながし、さらに自発的に身の回りの環境にかかわろうとする意欲や態度を育てる。

そのために保育士は、遊びを通して乳幼児期にふさわしい体験を子どもに提供しなければならない。具体的には、保育士は子どもが発達に応じた遊びをすることができるように、子どもの発達状況や興味・関心を把握し、そのうえで、遊具・玩具、素材などを準備するなど、遊びの環境を構成する。そして、子どもが遊びに集中できるように、自発的な活動を見守ったり、遊びのなかでの子どもの気づきや関心を受け止める。さらに、遊びが発展するように、必要に応じて保育士が遊びを提供したり、一緒に遊ぶなかでモデルを示したり、提案することも求められる。

子どもの人間関係を築く役割と職務

子どもが主体的に活動するためには、まずは保育士との信頼関係が重要である。保育指針では、保育士が「一人一人の子どもの気持ちを受容し、共感しながら、子どもとの継続的な信頼関係を築いていく」ことを求めている。さらに「保育士等との信頼関係を基盤に、一人一人の子どもが主体的に活動し、自発性や探索意欲などを高めるとともに、自分への自信をもつことができるよう成長の過程を見守り、適切に働きかける」ことが重要であるとしている。

このように、保育士はまず子どもとの信頼関係を築かなければならない。それは、保育士が子どもにとって愛着の対象であり、信頼できる人間になるということである。そのために、子どもの情緒的な欲求、気持ちなどを表情や声などから読み取り対応することや、子どもの年齢や発達に応じてかかわることが必要である。

保育士との関係を起点に、他の子どもと関係を築いていくわけだが、保育指針で

は「子ども相互の関係づくりや互いに尊重する心を大切にし、集団における活動を効果あるものにするよう援助すること」とある。

つまり、子ども同士の関係を築くことが保育士には求められている。そのために、保育士は遊びや生活の中で他児の存在に気づいたり、かかわったり、子どもたちがさまざまな経験のなかで喜びや楽しさなどを共有したりできるように子どもたちを仲立ちする。さらに子ども同士のトラブルの際には、それぞれの気持ちを受けとめたうえで、相手の気持ちに気づくように互いの気持ちを代弁したり、子ども自身の主張ができるように支えたりする。

保護者への相談・助言などを行う役割と職務

保育所における子育て支援は、保育の専門性を基盤として、保護者のかかえる子育てに関する課題に対して、保護者の養育力の向上を目的として行われる。

日々、保育士は、子どもに関する情報の交換や、子どもの成長の喜びなどを共有することを通して保護者との信頼関係を築かなければならない。そして、保護者からの相談にあたっては、保育士は、保護者の気持ちを受け止め、保護者が子育てのなかで努力や工夫していることを認めることが求められる。

具体的には、保育士は、子育てに関する保護者の悩みに対して解決策や方向性を示し、子どもの様子や状況などを保育士の視点で伝え、子育てや子育て支援に関する情報を提供する。さらに、子育ての方法を伝えるために、保護者に対して保育士が実際に子どもとかかわる様子を示したり（モデルを示す）、保育所で子どもと保護者の距離感が保てるようにするために、環境を準備する。また、必要に応じて、地域の保育や子育て支援に関係する機関や各種団体と協力や連携を図る。

4. 階層・職位ごとの役割・職務内容

保育所所長の役割や職務内容としては、入所している子どもの保護者との連携（児童福祉施設の設備及び運営に関する基準第36条）や、所長としての専門性の向上、職員の研修機会の確保（保育所保育指針第5章）が示されている。

しかし、保育所保育士は、所長を除けば、幼稚園教諭のように階層や職位ごとに職務が明確に定められていない（第3講参照）。参考として、全国保育士会が作成した階層・職位ごとの保育士の職務内容を**参考資料1**に示す。階層や職位は、自治体や各施設によって位置づけ方が異なり、その時々の職員の状況によって変化するので、ひとつの目安として捉えていただきたい。

Step2

1. 幼稚園教諭の役割と職務内容——学校教育法より

　幼稚園は、「義務教育及びその後の教育の基礎を培うものとして、幼児を保育し、幼児の健やかな成長のために適当な環境を与えて、その心身の発達を助長することを目的とする」（学校教育法第22条）とされている。さらに学校教育法は、子育て支援について定め（同法第24条）、幼稚園教諭については、「教諭は、幼児の保育をつかさどる」（同法第27条第9項）と定めている。

　以上から、幼稚園教諭の役割は、幼児の保育と、子育て支援であり、職務内容はこれらにかかるものである。

2. 保育における役割と職務内容

　幼稚園教育要領は、教師の役割（子どもが主体的に活動するために環境を構成する役割と、そのもとで子どもと適切にかかわる役割）について詳細に示している。

　まず、子どもの主体的な活動が可能となるように、物理的環境や空間的環境を構成する役割である。その役割を果たすためには、子どもと環境とのかかわりの重要性を認識しつつ、子ども一人ひとりを理解し、どのように行動するかを予想し、環境の有する性質を理解しながら、さまざまな素材をいかに選択し、配置するかを考えなければならない。

　次に、子どもと適切にかかわる役割である。第1に、子どもの精神的よりどころとしての役割である。情緒的な安定は、子どもの主体的な活動の基盤である。そのため、教師は子どもの存在を受容し、喜びや悲しみなどに共感し、さらに、子ども一人ひとりの良さを認めることなどを通して、信頼関係を築かなければならない。

　第2に、子どもを理解する役割である。子どもと適切にかかわるためには、子どもの一人ひとりの発達状況や性格などの特性や興味・関心などを把握する必要がある。さらに、子どもの活動の理解者としての役割もある。つまり、目の前の子どもの活動が子どもにとってどのような意味をもつのか、何を学んでいるのかを理解することである。

　第3に、子どもとともに活動する役割である。具体的には「共同作業者」「共鳴する者」「モデル」としての役割があげられる。教師が一緒に子どもと活動することで、子どもと同じ目線になることができ、子ども理解につながる。子どもにとっては教師が一緒に遊ぶことによって、その遊びの楽しさがふくらみ、また、教師が

図表1-3 幼稚園教育要領および解説における教師の役割（保育における役割）

役　割	具体的な役割・職務内容
環境を構成する役割	物的・環境的環境を構成する
子どもと適切に関わる役割 （上記の環境のもとで）	子どもの精神的拠り所となる
	子どもを理解する
	子どもと共に活動する（共同作業、モデルを示す）
	遊びの援助
	よい関係でつながった集団を育てる

楽しく、集中して活動する姿を子どもに見せることで、活動に対する関心や遊びの発展につながる。

　第4に遊びの援助を行う役割である。遊びが発展しない場合など、必要に応じて教師は援助をする。ただし、すぐに、すべてを教師が援助してしまうと、子どもの主体性が育つ機会を奪う可能性がある。そのため、教師は子ども一人ひとりの特性や集団の状況に応じて、援助のタイミングや援助の仕方を考える必要がある。

　最後に、子どもと教師、子ども同士がよい関係でつながった集団を育てる役割である。あたたかな、自分が認められる関係のなかで、子どもたちは自分を発揮することができる。

　これらに加えて、教育課程の編成、指導計画の策定および評価を行う。

3. 子育て支援における役割と職務内容

　幼稚園教育要領は、「子育ての支援のために保護者や地域の人々に機能や施設を開放して、園内体制の整備や関係機関との連携及び協力に配慮しつつ、幼児期の教育に関する相談に応じたり、情報を提供したり、幼児と保護者との登園を受け入れたり、保護者同士の交流の機会を提供したりするなど、地域における幼児期の教育のセンターとしての役割を果たすよう努める」ことと明記している（第3章2）。

　つまり、子育て支援における幼稚園の役割には、地域の子どもの成長・発達を促進する役割、子どもに遊びを伝え、広げる役割、子育てに関する啓発を行う役割、地域の子育て家庭が交流できるようにする役割、地域の子育てネットワークづくりを行う役割などがあげられる。

Step3

1. 保育者の役割と職務内容

　保育所保育士と幼稚園教諭の役割と職務内容を述べてきたが、文言の違いはあれ、その多くは共通している。保育者の最も重要な役割は、子どもの心身の発達をうながすことにある。そのために、保育者は、子どもの愛着対象としての役割、子どもを理解する役割、環境構成の役割、遊びを援助する役割、子ども同士の関係を築く役割などを果たす。さらに、保護者支援や地域子育て支援の役割もあり、保育者の役割は多岐にわたる。

　ところで、子どもの発達にとって、子どもの主体的かつ身体感覚をともなう活動、すなわち遊びが重要であることはいうまでもない。そこで以下、遊びの場面を通して、保育者の役割と職務内容を具体的にみる。

2. 事例からみる保育者の役割——遊び場面における保育者の役割

　次の事例は、4、5歳児クラスの男の子たちが水鉄砲で遊んでいる場面である。保育者には「水に親しむ」「友達と協力して遊ぶことを楽しむ」といったねらいがあり、男の子たちは数日前から水鉄砲とペットボトルを使って遊んでいる。保育者はそれまでは①500 mL のペットボトルのみ準備していたが、新たに350 mL、2 L のペットボトルを準備した。

事例

　7月30日。A君が的になる350 mL、500 mL、2 L のペットボトル20本以上を台の上に乗せて、横一列に並べている。A君が「いいよ」と声をかけると、みんなが一斉にペットボトルめがけて水鉄砲で水を飛ばす。ペットボトルが倒れたり、台から落ちるたびに歓声があがる。すべて倒し終えたところで交代でペットボトルを台に乗せて、再び水を飛ばす。

　8月2日。7月30日と同じ遊びを繰り返していたが、遊びがマンネリ化してきた様子がみられた。そこで②保育者はペットボトルを横に置く、積み重ねる、縦に並べるなどいろいろな並べ方をする。すると簡単には倒れなくなったので、子どもたちは「なかなか倒れないなぁ」と何度も水鉄砲で水を飛ばす。③保育者は「どうしたら倒れるかな」と話しながら一緒に水を飛ばす。そのうちにB君がしゃがんで水を飛ばし始めると、横に置かれたペットボトルが台から落ちた。縦に並んでいるペットボトルはC君とD君が一緒にねらって水を飛ばすと倒れた。④倒れるたびに保育者も「やったね」と喜びを共有した。

　下線①は、これまで500 mL だけのペットボトルで遊んでいた子どもたちの様子

から、遊びにより集中できるように異なる種類のペットボトルを準備している。これは、子どもの状況を理解したうえで環境構成をしていることを意味する。

下線②において、保育者は遊びの状況を受けて、ペットボトルを横に置く、縦に並べるなど簡単に倒れないようにした。そうすることで、子どもたちがどうしたらペットボトルが倒れるのかを考えたり、工夫したりすることを保育者は期待したわけである。つまり、遊びが発展するように援助を行ったのである。

下線③では、なかなか倒れないという子どもの発言を「どうしたら倒れるかな」と受け止め、一緒に遊ぶことで遊びの難しさを共有しつつ、見守っている。結果的に子どもたちはしゃがんで水を飛ばすなどの工夫をしてペットボトルを倒し、保育者は下線④のように喜びを共有した。

> 8月5日。ペットボトルを横に置く、積み重ねる、縦に並べるなどいろいろな並べ方をして、それを水鉄砲でねらって遊んでいる。しばらくして、B君が500 mLのペットボトルに水を入れる。空の状態よりも倒れにくくなったので、ペットボトルに近づいて水を飛ばす、2、3人で同時に同じペットボトルをねらって水を飛ばすなどの工夫をする。すべてのペットボトルが倒れた後、C君が2Lのペットボトルいっぱいに水を入れて台に乗せる。すると「そんなにいっぱい入れたら倒れないよ」とD君。C君は「そんなのわからないよ」と返す。A君とC君が一緒に水を飛ばすがびくともしない。⑤保育者は「難しいなぁ。どうしたらいいかな」と言葉をかける。「水を減らしたほうがいい」「もっと近づいたらいい」「みんなでねらったらいい」などそれぞれの考えを出し合う。
>
> みんなで一斉に水を飛ばすことになり、保育者も含めて7人が「せ～の」でペットボトルめがけて水を飛ばすが、少し動くだけで倒れない。「もっと近づいて飛ばしてみよう」とA君が提案し、近づいてみんなで水を飛ばすが、やはり倒れない。子どもたちは試行錯誤するが、最後までペットボトルは倒れなかった。

ペットボトルに水を入れるという新たな状況が生じ、なかなかペットボトルを倒せなくなった。これを受けて、保育者は下線⑤のように子どもたち同士で話し合いができるように言葉をかけている。その言葉を受けて子どもたちは自分の考えを出し合い、保育者を含めた7人で一斉に水を飛ばすことになった。保育者が話し合いをうながすことで、遊びをより発展させるとともに、子ども同士の関係を構築することにもつながったのである。

このように保育者は、子どもたちの遊びの状況を見極めるとともに、遊びのなかで何を学んでいるのかをとらえる必要がある。そして、子どもたちが遊びに夢中になり、遊びが発展するような環境を整えたり、援助したりすることが求められる。

参考文献
- 柏女霊峰・橋本真紀『増補版 保育者の保護者支援――保育相談支援の原理と技術』フレーベル館，2010.
- 無藤隆・汐見稔幸・砂上史子『ここがポイント！3法令ガイドブック――新しい「幼稚園教育要領」「保育所保育指針」「幼保連携型認定こども園教育・保育要領」の理解のために』フレーベル館，2017.
- 無藤隆『保育の学校 第1巻 保育の基本と学び編』フレーベル館，2011.
- 民秋言編著『改訂 保育者論 第2版』建帛社，2009.
- 厚生労働省編『保育所保育指針解説　平成30年3月』フレーベル館，2018.
- 文部科学省『幼稚園教育要領解説　平成30年3月』フレーベル館，2018.
- 全国保育士会『保育士・保育教諭が誇りとやりがいを持って働き続けられる、新たなキャリアアップの道筋について　保育士等のキャリアアップ検討特別委員会報告書』2017.

COLUMN　発達理解の大切さ

　保育において、保育者は子どもの育つ道筋とその特徴を判断のよりどころとして、子ども一人ひとりの発達の個人差に配慮し、それに応じて対応することが大切である。また、子どもの状況や発達過程をふまえることは、保育者の子ども理解を深めていく。子どもの発達課題をとらえ、それらを基盤にして、保育の計画を立案し、実際に保育を行うことが重要であり、そのためにも、保育者には発達に関する知識をもつことが求められる。

腹ばい（5か月）

座る（8か月）

歩く（1歳3か月）

（鶴　宏史）

第2講

保育者の倫理

　本講では、まず、専門的倫理の概念と必要性、法律との違いについて概観し、次に、全国保育士会倫理綱領などをもとに、保育者に必要な専門的倫理の内容を解説する。最後に、保育実践において生じる倫理的ジレンマを解決するためのプロセスについて概説する。

　保育者に必要な倫理（専門的倫理）を押さえるとともに、日々の業務に活かし、高めることについて学ぶ。

Step1

1. 専門的倫理（専門職倫理、職業倫理）とは

専門的倫理とは

　保育所保育指針（以下、保育指針）「第1章　総則」の「1(1)　保育所の役割エ」には「保育所における保育士は、児童福祉法第18条の4の規定を踏まえ、保育所の役割及び機能が適切に発揮されるように、倫理観に裏付けられた専門的知識、技術及び判断をもって、子どもを保育するとともに、子どもの保護者に対する保育に関する指導を行う」と示されている。

　保育士に限らず、専門職はそれにふさわしい専門的知識と専門的技術、そして専門的倫理（専門職倫理や職業倫理という語を用いる場合もあるが、本講では専門的倫理の語を用いる）を有することが求められる。

　専門的倫理は、厳密には、**図表2-1**のように専門的価値と専門的倫理に区別される。

　専門的価値は、専門職のもつ信念であり、職務遂行を方向づけるものである。保育士の専門的価値にあたるのは、保育指針に示される「子どもの最善の利益を考慮する」（第1章　1(1)　保育所の役割）、「子どもの人権に十分配慮」「子ども一人一人の人格を尊重」（第1章　1(5)　保育所の社会的責任）などである。

　専門的倫理は、専門的価値を実現するための行動規範であり、専門職として正しい・望ましい行動の指針である。保育士の場合、専門的倫理は、保育指針「第4章　子育て支援」の「1　保育所における子育て支援に関する基本的事項」に示される「子どもの利益に反しない限りにおいて、保護者や子どものプライバシーを保護し、知り得た事柄の秘密を保持すること」などが該当する。

　このように専門的倫理は専門的価値よりも具体的であり、「子どもの人権に十分配慮」という価値に基づき、子どもの人権（プライバシー権）保護のために「秘密保持に留意する」という望ましい行動が導き出される。詳細は後述する全国保育士会倫理綱領に示されるが、これらは保育実践における判断の基準や行動の規範とな

図表2-1　専門的価値と専門的倫理

専門的価値	専門職のもつ信念、目標、願いであり、専門職の行為（職務遂行）を方向づけるもの
専門的倫理	専門的価値を実現するための規範や義務であり、専門職として望ましい行動、正しい行動の指針

るものである。

　しかし、ほとんどの専門職は両者を明確に区別せず、専門的倫理として示しているので、本講でもこれ以降は、両者を区別せずに専門的倫理として使用する。

専門的倫理の必要性

　専門職は、その専門性に基づく高度な知識と技術を有していればよいと思われがちだが、なぜ、専門的倫理が必要なのか。それは、専門職の職務が他者の尊厳、生命、生活や人生に大きな影響を与えるためである。そのため職務遂行の際、個人的な倫理観や感情ではなく、専門的なそれに基づく判断が必要とされる。

　専門職の知識や技術は、極言すれば悪用も可能である。保育士に関していえば、子どもを大人の都合でコントロールすることもできる。さらに、個人的な価値観や感情で子どもと接し、子どもを傷つけることもある。

　そのため、専門職には、その専門的知識や専門的技術を「何のために、どのような基準で、どのように用いるのか」、つまり、専門職の規範や判断基準、基本的態度が問われるのである。それを明確にしているのが専門的倫理なのである。

2. 専門的倫理と法律

　専門的倫理も法律も専門職にとっての規範であり、善悪の基準を明示する点では共通しているが、両者には異なる点もある。専門的倫理は、基本的にはいかなる行為が正しいかを示し、その遵守はあくまでも専門職一人ひとりの内発的な意思に基づくもので、何らかの規則や法律があるから守るというものではない。

　他方、法律はいかなる行為が正しくないかを明示し、そして、社会の秩序を守るために国家権力などの外的な強制力によって作られるものである。そのため違反者には罰則規定が設けられている。

　保育士の場合、国は児童福祉法によって保育士を規定しており、これに違反した場合の罰則規定も示されている。他方、後述する全国保育士会倫理綱領は、保育士の専門職団体自らの専門職としての責任の範囲を保育士集団内や社会に対し明示するものであり、特に罰則を定めているわけではない。

　このように、専門的倫理と法律はお互いが補完する役割を果たしている。

Step2

1. 倫理綱領とは

倫理綱領の役割

　ある専門職団体が独自の倫理綱領を有することは、専門職の要件の1つである。倫理綱領とは専門的倫理を明文化したものであり、専門職が遵守すべき事項を示している。一人ひとりの専門職が、しっかりと専門的倫理を有していれば問題ないと思われるが、あえて倫理綱領として明文化しているのには理由がある。

　第1に、利用者や社会、他専門職に対して専門職（専門職団体）の役割を示す機能である。つまり、専門職（専門職団体）が何をめざし、利用者に対してどのような姿勢・態度で接するのか、何を実現しようとするのかを外部に明示するはたらきをもつ。

　第2に、専門職団体内で、専門的倫理に関する共通理解を図る機能である。一人ひとりの専門職は職場や自分が受けた教育によって、専門的倫理や業務内容に多少のずれがある。しかし、同じ専門職であれば大枠で共有すべきものがあり、それを明確にしたのが倫理綱領である。さらに、専門職の最低限の質保障の意味でも重要である。

　第3に、当該専門職団体に所属する一人ひとりの専門職の不当な行為を規制する機能である。専門的倫理を、倫理綱領として明記することで専門職の自覚をうながし、不正行為を抑止するのである。

保育者にかかわる倫理綱領

　保育者にかかわる倫理綱領には、保育所保育士であれば、後述する「全国保育士会倫理綱領」がある。保育所以外の児童福祉施設であれば、乳児院では「乳児院倫理綱領」が全国乳児福祉協議会によって採択され、児童養護施設では「全国児童養護施設協議会 倫理綱領」が全国児童養護施設協議会によって採択されている（**参考資料2、3参照**）。

　それぞれの倫理綱領の表記のスタイルや文言に違いはあるが、子どもの最善の利益の考慮、基本的人権の尊重、子どもの発達の支援、家庭（保護者）との関係性の重視と支援などの専門的倫理は共通している。

2. 保育所保育士の専門的倫理

全国保育士会倫理綱領

　保育士の専門的倫理は、保育所保育士に限定すれば、保育所保育指針において暗示的に示されている。加えて、2003（平成15）年に「全国保育士会倫理綱領」が策定され、全国保育協議会と全国保育士会によって採択された。さらに翌年には解説書にあたるガイドブックが刊行されている。この綱領は前文と8つの条文、すなわち、①子どもの最善の利益の尊重、②子どもの発達保障、③保護者との協力、④プライバシーの保護、⑤チームワークと自己評価、⑥利用者の代弁、⑦地域の子育て支援、⑧専門職としての責務から構成されている。8つの条文が保育士の専門的倫理、すなわち、保育士の社会的使命と責務を表している。

　これらの詳細は、『全国保育士会倫理綱領ガイドブック』で解説されているが、ここでもガイドブックなどに基づき、8つの条文について概説する。

子どもの最善の利益の尊重

　子どもの最善の利益の尊重は、保育士にとって、最重要の判断基準であり、行動原理である。すなわち、保育専門職である保育士は、子どもの福祉や成長・発達にとって何が最善（best）かを考えながら職務を果たさなければならない。

　そのためには、子どもを一人の人間として尊重し、人権への配慮を怠らないことや、子ども一人ひとりの人格を尊重し、一人ひとりの発達状況などに応じて援助をすることが求められる。さらに、子どもの現在と未来の福祉、成長・発達に目を向ける長期的な視点や、子どもを取り巻く家庭や地域といった環境にも目を向ける視点も必要である。

子どもの発達保障

　保育士の専門性の1つは、養護と教育が一体となった保育を通して、子どもの発達を援助することである。

　そのために、発達や障害、疾病などに関する知識を基盤にして、日々の子どもたちとのかかわりから子ども一人ひとりの発達状況や特徴を把握する必要がある。そのうえで、子どもにとって安全かつ快適で、安心して生活できるように配慮するとともに、子どもが集中して遊べる環境を構成し、援助することが求められる。

保護者との協力

　乳幼児期における子どもの親子関係の重要性や子どもの生活の連続性を考慮すれば、保育にあたって、保護者との協力関係は不可欠である。

　そのために、まずは親子関係の重要性を認識しなければならない。そして、日々の保護者とのやりとりを通して、家庭の状況を理解することや、保護者の意向を受け止め、尊重することが求められる。同時に、保育所が子どもや保育に関する情報提供や情報開示を行うことで相互の理解を図らなければならない。こうしたやりとりを通して、保護者とともに情報を共有し、子育てに関する協力体制を築くのである。

プライバシーの保護

　プライバシーの保護は、私生活をみだりに公開されない権利とされ、親子にとって基本的な権利である。保育士は業務を通して、子どもや保護者のプライバシーにかかわることを知りうる立場にあるため、その保護を十分に自覚しなければならない。

　そのために、保育士は知り得た情報や秘密を口外しない「秘密の保持」を守る必要がある。さらに、児童票、各種申請書、名簿、連絡帳、写真などの親子に関する個人情報を適切に取り扱い、その漏洩や流出、悪用がないようにしなければならない。

　また、児童福祉法第18条の22では、保育士は「正当な理由がなく、その業務に関して知り得た人の秘密を漏らしてはならない。保育士でなくなつた後においても、同様とする」と守秘義務が規定され、違反した場合、罰則がある。

チームワークと自己評価

　質の高い保育や子育て支援を展開するためには、保育所内外の連携、そして、実践の自己評価が必要である。

　そのためには、保育所内では、会議や打ち合わせなどを通じて自らの職務を明確に認識するとともに、保育所内での役割分担を明確にし、職員同士の協力体制を築くことが求められる。保育所外では、地域内の専門機関などを把握し、日ごろから連絡を取り合ったり、その役割を理解したりすることが必要である。

　自己評価は自らの保育を、保育所保育指針、各保育所の保育課程や指導計画にそって、保育の「計画→実践→評価→改善」というプロセスで省察することが求め

られる。さらに、保育所内で組織的に取り組むことで、自らの課題をより明確にすることができる。

全国保育士会倫理綱領

すべての子どもは、豊かな愛情のなかで心身ともに健やかに育てられ、自ら伸びていく無限の可能性を持っています。

私たちは、子どもが現在（いま）を幸せに生活し、未来（あす）を生きる力を育てる保育の仕事に誇りと責任をもって、自らの人間性と専門性の向上に努め、一人ひとりの子どもを心から尊重し、次のことを行います。

　　私たちは、子どもの育ちを支えます。
　　私たちは、保護者の子育てを支えます。
　　私たちは、子どもと子育てにやさしい社会をつくります。

（子どもの最善の利益の尊重）
　1．私たちは、一人ひとりの子どもの最善の利益を第一に考え、保育を通してその福祉を積極的に増進するよう努めます。
（子どもの発達保障）
　2．私たちは、養護と教育が一体となった保育を通して、一人ひとりの子どもが心身ともに健康、安全で情緒の安定した生活ができる環境を用意し、生きる喜びと力を育むことを基本として、その健やかな育ちを支えます。
（保護者との協力）
　3．私たちは、子どもと保護者のおかれた状況や意向を受けとめ、保護者とより良い協力関係を築きながら、子どもの育ちや子育てを支えます。
（プライバシーの保護）
　4．私たちは、一人ひとりのプライバシーを保護するため、保育を通して知り得た個人の情報や秘密を守ります。
（チームワークと自己評価）
　5．私たちは、職場におけるチームワークや、関係する他の専門機関との連携を大切にします。
　　　また、自らの行う保育について、常に子どもの視点に立って自己評価を行い、保育の質の向上を図ります。
（利用者の代弁）
　6．私たちは、日々の保育や子育て支援の活動を通して子どものニーズを受けとめ、子どもの立場に立ってそれを代弁します。
　　　また、子育てをしているすべての保護者のニーズを受けとめ、それを代弁していくことも重要な役割と考え、行動します。
（地域の子育て支援）
　7．私たちは、地域の人々や関係機関とともに子育てを支援し、そのネットワークにより、地域で子どもを育てる環境づくりに努めます。
（専門職としての責務）
　8．私たちは、研修や自己研鑽を通して、常に自らの人間性と専門性の向上に努め、専門職としての責務を果たします。

　　　　　　　　　　　　　　　　　　　　　社会福祉法人 全国社会福祉協議会
　　　　　　　　　　　　　　　　　　　　　　　　　　　　全国保育協議会
　　　　　　　　　　　　　　　　　　　　　　　　　　　　全国保育士会

利用者の代弁

　乳幼児期の子どもの特性を考慮すれば、子どもが自分のニーズを主張するのは難しい。したがって、保育士は子どもの立場で、子どもの最善の利益を考え、子どもの権利を擁護するように努めなければならない。また、保育所を利用する保護者や地域の子育て家庭の子育てニーズに対しても代弁者としての役割が求められる。

　そのためには、まずは、子どものニーズを的確に把握することが求められる。そのニーズを把握し、必要に応じて保育士が直接的に対応するのはもちろん、保護者や地域、関係機関などにそのニーズを代弁することが求められる。

　さらに、保護者や地域、家庭の子育てニーズなどに対してもそれを把握するとともに、ニーズを満たすための取り組みや地域、行政、関係機関との連携やはたらきかけが求められる。

地域の子育て支援

　保育所は地域子育て支援の役割を果たすべきことが保育指針に明示されており、その拠点となることが期待されている。

　この役割を果たすためには、「チームワークと自己評価」で述べたように地域の専門機関を把握するとともに、それらと連携をすることが必要である。その際、保育所の役割を明確にしなければならない。さらに、「利用者の代弁」でふれたように地域の子育て家庭のニーズを把握し、必要に応じて各種機関などにはたらきかけることも求められる。

専門職としての責務

　質の高い保育や子育て支援を展開するためには、保育士が自らの専門性を高めるために自己研鑽に励まなければならない。

　そのためには、まずは「チームワークと自己評価」で述べたように、一人ひとりの保育士が、自己評価を通して自らの課題を明確にすることが必要である。さらに園内研修や公開保育などを通して、同僚や第三者の視点から自らの実践を評価することも求められる。また、最新の知識や技術などを学ぶために外部研修に参加することも専門性を高める手段である。

3. 専門的倫理を高めるために

　倫理綱領が存在しても、それがただのお題目になっては無意味である。それが実効性をもつように、倫理綱領を日々の業務に活かすことが求められる。

　保育士をめざす学生であれば、少なくとも保育士の専門的倫理を学び、考えることが何より重要である。学び、考えるための材料としては全国保育士会倫理綱領などの関連する倫理綱領はもちろん、保育関連の法制度の内容、保育士の業務内容などがある。これらを通して、自らのめざす職業の専門的倫理、いわば保育士としてのあるべき姿を深めなければならない。

　保育現場に立つ保育士であれば、倫理綱領の内容やガイドブックを読み込み、熟知（じゅくち）するとともに、一人ひとりの保育士が、自らの業務と倫理綱領の内容、保育所保育指針の内容などと関連づけて考え、専門的倫理を実践に落とし込む必要がある。加えて、倫理問題や、Step 3で取り上げる倫理的ジレンマなどに関しても事例を収集し、事例検討などを行うことも専門的倫理を高めるために有効である。

Step3

1. 専門的倫理に関する課題——倫理的ジレンマ

　専門的倫理を遵守しようとすれば、倫理的ジレンマが生じる。このことはすでに近接領域の専門職であるソーシャルワーカーや臨床心理士、看護師などに関する研究や実践から明確となっている。倫理的ジレンマとは、実践のなかで相反する複数の専門的倫理（義務や責任）が存在し、どれも重要だと考えられるとき、専門職がいかなる決定を下せばよいか葛藤し、方針の決定が困難となることを意味する。

　わが国の保育学分野では、倫理的ジレンマやその対応に言及している文献はほとんどなく、今後の取り組みが求められる。これらに取り組んでいるのがアメリカのNAEYC（National Association for the Education of Young Children：全米乳幼児教育協会）であり、NAEYC倫理綱領のガイドブックには、倫理的ジレンマの対応プロセスが明示されている。

2. 倫理的ジレンマに取り組むために

倫理的ジレンマの事例

　NAEYC倫理綱領のガイドブックでは、複数の倫理的ジレンマの事例を掲載しながら、その対応プロセスを示している。そのうちの一事例を取り上げ、全国保育士会倫理綱領の専門的倫理に当てはめながら、対応プロセスを紹介する。

> **事例**
> Aさんは「息子のB君（4歳）を昼寝させないでほしい」と担任保育士のC先生に求めた。Aさんは「息子（B君）が昼寝をしたときはいつも22時まで起きている。私は5時に起床して家事を行ってから職場に向かうため、十分に睡眠をとれない」と理由を述べた。B君はほかの子どもたちと一緒に、ほとんど毎日1時間の昼寝をしている。C先生は、B君の午後の情緒的安定のためにも昼寝は必要だと考えている。

倫理的ジレンマの解消のためのプロセス

　倫理的ジレンマには必ずしも正解があるわけではないが、専門職として最も倫理的だと考えられる判断を下すためには、一定のプロセスにそって、同僚や他専門職と協議しながら、多角的に検討する必要がある。一定のプロセスとは、具体的には

以下の５つのステップである。

①　倫理的ジレンマを把握する。

②　情報収集をしながら、だれが倫理的判断で影響を受けるかを把握し、関係者全員が満足する問題解決の方法を考える。

③　②で解決しない場合、倫理綱領を参照しつつすべての選択肢を考え、そのメリットとデメリットを考える。

④　③を評価し、方針を決定する。

⑤　方針に基づいて実際に行動し評価する。

　このプロセスにそって事例の倫理的ジレンマの対応を概観する。①の倫理的ジレンマは、全国保育士会倫理綱領の条文のなかの、子どもの最善の利益の尊重、子どもの発達保障、利用者の代弁の３つが、保護者との協力と衝突する状態である。

　②の影響を受けるのは、ＡさんとＢ君である。問題解決のために、まずＣ先生がＡさんに昼寝の重要性を説明し、家族の就寝時間などについて情報収集する。そのうえで、Ａさんに対して夜は静かな活動をすることなどを勧める。保育所では昼寝時間の短縮、昼寝時間の変更、あるいは昼寝をせずに過ごすなどの解決方法を実施することを提案する。必要に応じて医師などのアドバイスを受けることもあるが、話し合いのなかで、いくつかの妥協点が見出されるかもしれない。

　③の選択肢は２つに分けられる。１つは、Ｃ先生はＢ君に昼寝をさせないという決定である。その根拠は、睡眠不足で仕事をすることの大変さを理解し、保護者であるＡさんの意向を尊重するためである。もう１つの選択は、Ｃ先生がＡさんの要求を尊重しつつもそれを断り、そしてＢ君の昼寝を継続することである。その根拠は、Ｂ君には、充実した１日のために休息が必要であることである。すなわち、子どもの利益や子どもの発達保障を最優先したことになる。どちらの決定にも筋の通った根拠があり、そしていずれもいくつかのメリットとデメリットを含んでいる。

　④⑤について、③で示された行動指針の１つを選択し、実行する。実行の際に保育士は関係者と誠実にやりとりし、話を聴く雰囲気づくりが重要となる。その選択肢に基づく行動指針が実行された後、保育士はその成果を評価しなければならない。

　このように保育士は日々、複雑で難しい判断を迫られるが、専門職として職務を遂行するためには、自らの専門的倫理に対する理解を深め、内在化する必要がある。

参考文献

● 赤林朗編『入門・医療倫理Ⅰ〔改訂版〕』勁草書房，2017.

● Feeney, S. & Freeman, N. K., *Ethics and the Early Childhood Educator : Using the NAEYC Code (Third Edition)*, NAEYC, 2018.

● 藤川いづみ「全米幼児教育協会の倫理規定に関する研究(1)倫理規定策定のプロセスを中心に」『和泉短期大学研究紀要』第26号，2006.

● 金沢吉展『臨床心理学の倫理をまなぶ』東京大学出版会，2006.

● 柏女霊峰・小川益丸・御園愛子「特集 てい談『全国保育士会倫理綱領』と私たちの実践」『保育の友』第51巻第10号，2003.

● 柏女霊峰監，全国保育士会編『全国保育士会倫理綱領ガイドブック』全国社会福祉協議会，2004.

● 柏女霊峰監，全国保育士会編『改訂版 全国保育士会倫理綱領ガイドブック』全国社会福祉協議会，2009.

● 小山隆「福祉専門職に求められる倫理とその明文化」『月刊福祉』第86巻第11号，2003.

● 日本社会福祉士会編『改訂 社会福祉士の倫理——倫理綱領実践ガイドブック』中央法規出版，2009.

● 大宮勇雄『保育の質を高める——21世紀の保育観・保育条件・専門性』ひとなる書房，2008.

● 谷口泰史・松本英孝・高間満・相澤譲治編『社会福祉援助技術論』久美，2005.

● 鶴宏史「全米乳幼児教育協会（NAEYC）倫理綱領および責任声明（2005年改定版 2011年更新版）」『教育学研究論集』第 9 号，2014.

● 鶴宏史「倫理と保育者（第 2 版）第 3 章」『教育学研究論集』第11号，2016.

● 社会福祉士養成講座編集委員会編『新・社会福祉士養成講座 6 ——相談援助の基盤と専門職 第 3 版』中央法規出版，2015.

第3講

保育者の資格と責務

　保育者としての責任を果たし、保育者としての倫理を実現する
ためには、自分は何をしなければならないのか、何をしてはいけ
ないのか、保育という仕事が法的・制度的にどのような仕事とし
て位置づけられているのかを知っておかなければならない。

　そのため本講では、保育士の法的・制度的な特質を学びながら、
その資格のあり方や責務について理解し、専門職性について考え
ていきたい。

Step 1

1. 保育士の定義

「保育士」とはどういう仕事だろうか。まずは法令などから確認してみよう。

児童福祉法（以下、法）第18条の4によると、保育士とは「登録を受け、保育士の名称を用いて、専門的知識及び技術をもつて、児童の保育及び児童の保護者に対する保育に関する指導を行うことを業とする者」とされている（保育士の定義）。この規定のポイントを確認してみよう。

保育士の業務と専門職性

保育士の業務は、①児童の保育と、②児童の保護者に対する保育に関する指導の2つから成り立っている。法では、「児童」とは「満18歳に満たない者」（第4条）をいうので、保育士は、0歳から18歳未満までを対象とした資格である。そのため、保育士の業務の場は保育所だけではなく児童養護施設などの児童福祉施設にも及んでいる（図表3-1）。②は、子育て支援と呼ばれている業務である。ここでの「児童の保護者」とは保育所の在園児の親等だけではなく、保育所等に子どもを預けずに在宅で子育てをしている家庭、つまり、地域の子育て家庭も含む概念であり、そうした業務を地域子育て支援と呼んでいる。

保育士はこれらを、「専門的知識及び技術」をもって行うこととされており、これが保育士の専門職性の法的な根拠である。

保育士の登録

保育士は「登録を受け」（法第18条の4）なければ保育士として働くことができない。法第18条の18第1項によると、「保育士となる資格を有する者が保育士となるには、保育士登録簿に、氏名、生年月日その他厚生労働省令で定める事項の登録を受けなければならない」とされている（登録）。保育士登録簿は都道府県に備えることとなっており（同条第2項）、指定保育士養成施設（養成校）の学生であれば、卒業年度の秋以降に、必要書類を提出して養成校で一括して登録手続きをすることになる。厳密にいえば、養成校で保育士にかかる単位を修得しても、「保育士資格を取得した」とはいえず、「保育士になる資格を取得した」ということになる。

名称独占

次に、「保育士の名称を用いて」（法第18条の4）に注目してみよう。これにかかわる規定は法第18条の23で、「保育士でない者は、保育士又はこれに紛らわしい名

称を使用してはならない」と、「名称独占」について定められている（名称の使用制限）。専門職とそうでない者を分ける指標としては、「名称独占」と「業務独占」（その資格・免許をもたない者がその業務を行うことができない）がある。保育士は医師や看護師などのような業務独占には至っていない。このため保育現場では、資格がなくても保育業務を行ういわゆる「保育従事者」が存在する。

保育士の義務など

　法第18条の21によると、保育士は、「保育士の信用を傷つけるような行為をしてはならない」とされており（信用失墜行為の禁止）、社会的な信頼に支えられた専門職としてのあり方が規定されている。また、法第18条の22では、保育士は、「正当な理由がなく、その業務に関して知り得た人の秘密を漏らしてはならない。保育士でなくなつた後においても、同様とする」とされている（秘密保持義務）。情報発信が会話などだけではなく、インターネット上でも簡単にできるようになってきている今日、保育士は専門職として利用者の人権を守る立場にあることを十分に理解して、利用者等の秘密を必ず保持しなければならない。これは実習生でも同様である。併せて、個人情報の保護にも十分留意する必要がある。

2. 保育士が働く場所

　保育士が働くことができる場所は保育所だけではない。法の規定をもとにまとめると、**図表3−1**のとおりである。上段の各児童福祉施設では一部を除き保育士を必ずおかなければならない。下段の施設では、おくべき職に充当する資格として保育士が該当する。保育士は法令上、就学前の子どもだけでなく、０歳から18歳未満の児童を対象とする多様な児童福祉の場の専門職として考えられているのである。それらの職の多くは、子どもだけでなく家庭や地域とのかかわりを必要とするものであり、保育士はそうした専門性も視野に入れた資格なのである。

　なお、保育所におかなければならない職員は、保育士、嘱託医および調理員であるが、調理業務の全部を委託する施設では調理員をおかなくてもよい（児童福祉施設の設備及び運営に関する基準（昭和23年厚生省令第63号）第33条）。このため保育所では、乳幼児の食事を提供するのにふさわしい給食の委託業者を選定しているところもある。

図表3-1 保育士が働く場

施設等種別	保育士に関連する必置の職	備考
保育所	保育士	
児童養護施設		
福祉型障害児入所施設（知的障害児、自閉症児、盲ろうあ児、肢体不自由児）		
医療型障害児入所施設（自閉症児、肢体不自由児、重症心身障害児）		
福祉型児童発達支援センター（知的障害児、難聴児、重症心身障害児）		
医療型児童発達支援センター		
児童心理治療施設		
地域型保育事業　小規模保育事業*1　家庭的保育事業*2　居宅訪問型保育事業*3　事業所内保育事業		*1　A・B型に必置。C型には必置ではない（家庭的保育者が必置）。 *2　家庭的保育者が必置。保育士が、市町村長が行う研修を受けて家庭的保育者になることができる。 *3　必要な研修を受けていれば保育士でなくてもよい。
企業主導型保育事業		
乳児院	看護師	最低基準の人数を除き保育士を充ててよい。乳幼児20人以下を入所させる施設（乳幼児10人未満を入所させる施設を除く）においては保育士は必置。
母子生活支援施設	母子支援員	左記の職の該当者の1つが保育士。
児童厚生施設	児童の遊びを指導する者	
児童自立支援施設	児童生活支援員	
放課後児童健全育成事業	放課後児童支援員	
一時預かり事業	保育従事者	一般型は1/2以上を保育士とする。幼稚園型は幼稚園教諭も可。その他は必要な研修を受けていれば保育士でなくてもよい。

3. 保育士の資格とその要件

欠格条項

　法第18条の5によると、次のいずれかに該当する者は保育士になることができな

い。これを欠格条項といい、資格を欠いている者が示されている。

児童福祉法　第18条の5（抜粋）
一　成年被後見人又は被保佐人
二　禁錮以上の刑に処せられ、その執行を終わり、又は執行を受けることがなくなつた日から起算して2年を経過しない者
三　この法律の規定その他児童の福祉に関する法律の規定であつて政令で定めるものにより、罰金の刑に処せられ、その執行を終わり、又は執行を受けることがなくなつた日から起算して2年を経過しない者
四　第18条の19第1項第2号又は第2項の規定により登録を取り消され、その取消しの日から起算して2年を経過しない者

保育士となる資格

　法第18条の6によると、保育士になるには、指定保育士養成施設（以下、保育士養成校）を卒業するか、保育士試験に合格することが求められる。

　まず、保育士養成校からみていく。保育士養成校の教育課程や実習のあり方は「指定保育士養成施設の指定及び運営の基準について」（平成15年12月9日厚生労働省雇用均等・児童家庭局長通知。最新改正は平成30年4月27日）によって定められている。同通知の「指定保育士養成施設指定基準」では保育者養成校の目的を「児童の保育及び児童の保護者に対する保育に関する指導を行う専門的職業としての保育士を養成すること」とし、保育士養成校を「保育に関する専門的知識及び技術を習得させるとともに、専門的知識及び技術を支える豊かな人格識見を養うために必要な幅広く深い教養を授ける高等専門職業教育機関」と位置づけており、これらの考えのもとで保育士養成課程が編成されている。なお、保育士養成校の修業年限は「2年以上」とされている（夜間部、昼間定時制部または通信教育部については3年以上）。保育士養成校の修業教科目と単位数とその履修方法については、「児童福祉法施行規則第6条の2第1項第3号の指定保育士養成施設の修業教科目及び単位数並びに履修方法」（平成13年厚生労働省告示第198号。最新改正は平成30年4月27日）に規定されている（**参考資料4参照**）。

　保育士になるもう1つの方法は、保育士試験に合格することである。児童福祉法施行規則（以下、規則）第6条の9によると、受験資格を得られる者は、①高等教育機関（大学、短大等）に2年以上在学して62単位以上修得した者、②中等教育（高等学校等）を終えて児童福祉施設で2年以上児童の保護に従事した者、③児童福祉施設で5年以上児童の保護に従事した者などである。試験の科目は、規則第6

条の10により、筆記試験に合格したうえで実技試験を受けることとなっている。筆記試験は、保育原理、教育原理及び社会的養護、児童家庭福祉、社会福祉、保育の心理学、子どもの保健、子どもの食と栄養、保育実習理論の8科目であり、実技試験は、保育実習実技について行われる。筆記試験は科目ごとに合否が決められ、3年（3回）のうちにすべての試験科目に合格することを求めている。ただし、保育士養成校などで厚生労働省が指定する科目の単位を修得した場合に当該科目の受験が免除される、幼稚園教諭免許を所持している場合に一部の試験科目の受験が免除されるなどの規定がある。

4. 保育士の研修

「児童福祉施設の設備及び運営に関する基準」（昭和23年厚生省令第63号）第7条（児童福祉施設における職員の一般的要件）によると、児童福祉施設に入所している者の保護に従事する職員は、「健全な心身を有し、豊かな人間性と倫理観を備え、児童福祉事業に熱意のある者であつて、できる限り児童福祉事業の理論及び実際について訓練を受けた者でなければならない」。また、同省令第7条の2（児童福祉施設の職員の知識及び技能の向上等）第1項では、児童福祉施設の職員は、「常に自己研鑽に励み、法に定めるそれぞれの施設の目的を達成するために必要な知識及び技能の修得、維持及び向上に努めなければならない」。さらに、同条第2項では、「児童福祉施設は、職員に対し、その資質の向上のための研修の機会を確保しなければならない」としている。保育士は、養成段階で十分な訓練を受けたうえで、就職後も自らの専門性の向上に努めなければならない。さらに施設が職員に研修機会を提供することも義務づけられている。

また、保育所保育指針（平成29年厚生労働省告示第117号）では、職員の資質向上について1つの章を設けている。第5章「職員の資質向上」では、保育所が「質の高い保育を展開するため、絶えず、一人一人の職員についての資質向上及び職員全体の専門性の向上を図るよう努めなければならない」として、職員の資質向上を保育所の義務としている。

「1　職員の資質向上に関する基本的事項」では、「(1)　保育所職員に求められる専門性」として、子どもの最善の利益を考慮し、人権に配慮した保育を行うために、「職員一人一人の倫理観、人間性並びに保育所職員としての職務及び責任の理解と自覚」が基盤となるとしている。そのため保育士・看護師・調理員・栄養士等の各職員が、「自己評価に基づく課題等」をふまえつつ、研修等を通じて、「それぞ

れの職務内容に応じた専門性を高めるため、必要な知識及び技術の修得、維持及び向上」に努めることを義務としている。また「(2) 保育の質の向上に向けた組織的な取組」として、保育内容の自己評価等を通じて把握した課題に「組織的に対応するため」、「保育内容の改善や保育士等の役割分担の見直し等」に取り組むとともに、「それぞれの職位や職務内容等に応じて、各職員が必要な知識及び技能を身につけられるよう」努めなければならないとしている。組織的な取り組みや体制、保育者それぞれのキャリア開発について述べられている。

次に「2 施設長の責務」として、第一に、「施設長自身の法令遵守」「施設長としての専門性等の向上」「保育の質及び職員の専門性向上のために必要な環境の確保」が求められている。第二に、それを具現化するために、施設長は、全体的な計画や各職員の研修の必要性等をふまえて、「体系的・計画的な研修機会を確保」するとともに、「職員の勤務体制の工夫等により、職員が計画的に研修等に参加し、その専門性の向上が図られるよう」努めなければならないとしている。

さらに、「3 職員の研修等」として、「(1) 職場における研修」(いわゆる「園内研修」、OJT)について、保育者が「日々の保育実践を通じて、必要な知識及び技術の修得、維持及び向上」を図りつつ、「保育の課題等への共通理解や協働性」を高めることで、「保育所全体としての保育の質の向上」を図るという観点から、「日常的に職員同士が主体的に学び合う姿勢と環境が重要」として、園内研修の充実が求められている。また、「(2) 外部研修の活用」として、関係機関等による研修の活用が有効であることから、園内研修に加えて、いわゆる園外研修(Off-JT)が推奨され、必要に応じて園外研修への参加機会を確保することが求められている。

以上を有効なものとするために、「4 研修の実施体制等」として、「保育の課題や各職員のキャリアパス等も見すえて、初任者から管理職員までの職位や職務内容等」をふまえた「(1) 体系的な研修計画の作成」や、「研修で得た知識及び技能を他の職員と共有することにより、保育所全体としての保育実践の質及び専門性の向上につなげていく」ことにより「(2) 組織内での研修成果の活用」を進めていくことが求められている。また、「(3) 研修の実施に関する留意事項」として、施設長が、「研修の受講は特定の職員に偏ることなく行われるよう」配慮し、「研修を修了した職員については、その職務内容等において、当該研修の成果等が適切に勘案される」、つまり身に付けた力を園で活かしていけるように配慮することが求められている。

Step2

1. 幼稚園教諭の職務

　学校教育法第27条によると、幼稚園には園長、教頭および教諭をおかなければならない。そのほか、副園長、主幹教諭、指導教諭、養護教諭、栄養教諭、事務職員、養護助教諭その他必要な職員をおくことができる。教頭は、副園長をおくときその他特別の事情のあるときはおかなくてよい。また助教諭や講師等をおくことができる。

　それぞれの職務は**図表3-2**のとおりである。

図表3-2 教諭等の職務

職　名	職務
園　長	園務を司り、所属職員を監督する
副園長	園長を助け、命を受けて園務を司る
教　頭	園長（副園長をおく幼稚園にあっては、園長および副園長）を助け、園務を整理し、および必要に応じ幼児の保育を司る
主幹教諭	園長（副園長をおく幼稚園にあっては、園長および副園長）および教頭を助け、命を受けて園務の一部を整理し、ならびに幼児の保育を司る
指導教諭	幼児の保育を司り、ならびに教諭その他の職員に対して、保育の改善および充実のために必要な指導および助言を行う
教　諭	幼児の保育を司る

2. 幼稚園教諭の資格とその要件

　保育士資格については児童福祉法のなかの一部という形で規定されているが、幼稚園教諭については、教育職員免許法（以下、免許法）という教員免許について制定された法律に規定されている。免許法自体が、教員免許に関する基準を定めることに加えて、教員の「資質の保持と向上を図ること」を目的としている（免許法第1条）。

免許状の種類

　教員免許が保育士資格と異なることの1つは、階層があることである。まず、免許状には普通免許状、教育職員検定に合格した者に授与される特別免許状（免許法第5条第3項）、教育職員検定に合格した助教諭等に授与される臨時免許状（同条第6項）がある（免許法第4条）。免許法第4条第2項によると、普通免許状は学校の種類ごとの教諭（および養護教諭、栄養教諭）の免許状で、専修免許状、一種

| 図表3-3 | 普通免許状の種類 | |

免許状の種類	基礎資格となる学位	対応する大学等
専修免許状	修士	大学院（修士課程相当）
一種免許状	学士	大学
二種免許状	短期大学士	短期大学等

免許状、二種免許状がある。ただし、高等学校教諭は専修免許状と一種免許状のみである。教員免許は基礎資格として大学等で学位を取得することを要件としており、その内容は**図表3-3**のとおりである。

　普通免許状は、基礎資格を有し、大学等の教員養成機関で所定の単位を修得するか、教育職員検定に合格した者に授与される（免許法第5条）。

　なお、二種免許状を有する者について、一種免許状を取得するよう努めることが求められている（免許法第9条の5）。

欠格条項

　普通免許状は、次のいずれかに該当するものには授与されない（免許法第5条第1項）。

教育職員免許法　第5条第1項（抜粋）

一　18歳未満の者

二　高等学校を卒業しない者（通常の課程以外の課程におけるこれに相当するものを修了しない者を含む。）。ただし、文部科学大臣において高等学校を卒業した者と同等以上の資格を有すると認めた者を除く。

三　成年被後見人又は被保佐人

四　禁錮以上の刑に処せられた者

五　第10条第1項第2号又は第3号に該当することにより免許状がその効力を失い、当該失効の日から3年を経過しない者

六　第11条第1項から第3項までの規定により免許状取上げの処分を受け、当該処分の日から3年を経過しない者

七　日本国憲法施行の日以後において、日本国憲法又はその下に成立した政府を暴力で破壊することを主張する政党その他の団体を結成し、又はこれに加入した者

免許状の有効期間と更新

　普通免許状は、授与の日の翌日から起算して10年を経過する日の属する年度の末日まで効力を有する（免許法第9条）とされており、更新することができる（免許

図表3-4　教職に関する科目および単位数

第1欄 教職に関する科目（右項の各科目に含めることが必要な事項）		第2欄 教職の意義等に関する科目			第3欄 教育の基礎理論に関する科目			第4欄 教育課程および指導法に関する科目								第4欄 生徒指導、教育相談および進路指導等に関する科目					第5欄 教育実習	第6欄 教職実践演習
		教職の意義および教員の役割	教員の職務内容（研修、服務および身分保障等を含む）	進路選択に資する各種の機会の提供等	教育の理念ならびに教育に関する歴史および思想	幼児、児童および生徒の心身の発達および学習の過程（障害のある幼児、児童および生徒の心身の発達および学習の過程を含む）	教育に関する社会的、制度的または経営的事項	教育課程の意義および編成の方法	各教科の指導法	道徳の指導法	特別活動の指導法	教育の方法および技術（情報機器および教材の活用を含む）	教育課程の意義および編成の方法	保育内容の指導法	教育の方法および技術（情報機器および教材の活用を含む）	生徒指導の理論および方法	教育相談（カウンセリングに関する基礎的な知識を含む）の理論および方法	進路指導の理論および方法	幼児理解の理論および方法	教育相談（カウンセリングに関する基礎的な知識を含む）の理論および方法		
幼稚園教諭	専修免許状		2			6				—				18			—			2		5	2
	一種免許状		2			6				—				18			—			2		5	2
	二種免許状		2			4				—				12			—			2		5	2

法第9条の2）。つまり教員を続けていく限りにおいては、10年ごとに免許を更新しなければならない。これは所定の課程による30時間以上の講習（免許状更新講習）の受講と試験等による履修認定を受けることによる（免許法第9条の3）。

　教員免許状を取得するために教員養成機関において修得する科目等は**図表3-4**のとおりである（教育職員免許法施行規則第6条第1項）。

3. 幼稚園教諭の研修

　研修について、保育士においては研修の具体的な規定が法定化されていないことに比べて、幼稚園をはじめとする学校教諭については具体的に規定されている。教員の研修については教育公務員特例法（以下、教特法）に規定されている。私立学校の教員はこの法律の適用を直接は受けないが、教員の責務については同じ教員としてこれに準じる形で研修等を実施していくものとして理解したい。

研修に関する責務と権利

　教特法では第4章（第21条～25条の2）を研修に関する規定に充てている。教特法第21条第1項ではまず、「教育公務員は、その職責を遂行するために、絶えず研究と修養に努めなければならない」とされ、同条第2項では教育公務員の任命権者（当該自治体の教育委員会の教育長）が研修の施設、奨励方策、計画の立案と実施について責任を負うことが示されている。

　教特法第22条は、研修を受ける機会が与えられなければならないこと、所属長の承認を受けて勤務場所を離れて研修を行うことができることや、現職のままで長期にわたる研修を受けることができることなど、研修を受ける権利と機会の保障について規定している。教特法第23条では、採用から1年間の「初任者研修」を指導教員のもとで実施することが定められ、教特法第24条では「個々の能力、適性等に応じて、公立の小学校等における教育に関し相当の経験を有し、その教育活動その他の学校運営の円滑かつ効果的な実施において中核的な役割を果たすことが期待される中堅教諭等としての職務を遂行する上で必要とされる資質の向上を図るために必要な事項に関する研修」（中堅教諭等資質向上研修）を実施することとされており、教員としてのキャリアの節目に資質向上の機会が設けられている。

　一方で、教特法第25条では、任命権者は、児童、生徒または幼児に対する指導が不適切であると認定した教諭に対して、その能力、適性等に応じて、指導の改善を図るために、1年以内の期間において、計画的に、必要な事項に関する研修を実施しなければならないとされ、教特法第25条の2では、指導の改善が十分でない教諭に対して、免職その他の必要な措置を講ずるとされている。

Step3

1. 保育教諭という新たな職とその要件

　2015（平成27）年4月に施行された「子ども・子育て支援新制度」においては、「就学前の子どもに関する教育、保育等の総合的な提供の推進に関する法律」（以下、法）により、保育所と幼稚園の機能を一体化した新たな施設としての幼保連携型認定こども園がスタートした。この認定こども園には「保育教諭」をおかなければならない（法第14条）。保育教諭は、幼稚園教諭の普通免許状をもち、保育士として登録を受けた者でなければならない（法第15条）。したがって、保育教諭には、Step 1 の保育士に関する規定と Step 2 の幼稚園教諭に関する規定の両方が適用されることになる。

　また、幼保連携型認定こども園には、園長と保育教諭をおくことが義務づけられており（法第14条第1項）、ほかに副園長、教頭、主幹保育教諭、指導保育教諭などをおくことができ（同条第2項）、その職務内容は幼稚園教諭に準ずる規定となっている。

　また、制度の移行期において、認定こども園法施行後5年間は、特例として一方の免許・資格をもって保育教諭となることができる（法附則第5条）。その後も保育教諭としての業務を継続する場合には、両方の免許・資格を必ず有する必要があり、現在、併有を促進する方策として、一方の免許資格のみをもっている者が、3年かつ4320時間の実務経験と8単位の指定教科目の履修によって、もう一方の免許資格を取得できる特例制度が新制度施行後5年間をめどに設けられている。

2. 子育て支援員

　子ども・子育て支援新制度の施行にあたって、小規模保育、家庭的保育、ファミリー・サポート・センター、一時預かり、放課後児童クラブ、地域子育て支援拠点等の事業や家庭的な養育環境が必要とされる社会的養護について、子どもが健やかに成長できる環境や体制が確保されるよう、地域の実情やニーズに応じて、これらの支援の担い手となる人材を確保することが必要となってきていることをふまえて、多様な子育て支援分野に関して必要となる知識や技能等を修得するための全国共通の子育て支援員研修制度を創設し、これらの支援の担い手となる子育て支援員の資質の確保を図ることとなった。子育て支援員として認定を受けるためには、国で定めた「基本研修」および「専門研修」を修了しなければならない。概要は**図表3-5**のとおりである。なお、子育て支援員は保育士の職務を代替するものではない。

図表3-5 子育て支援員研修の体系

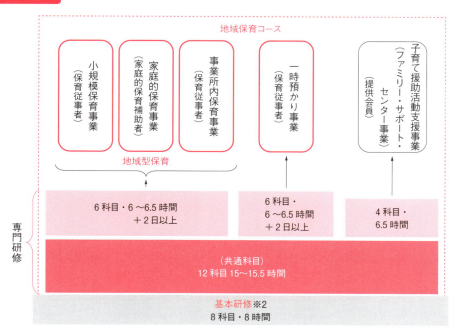

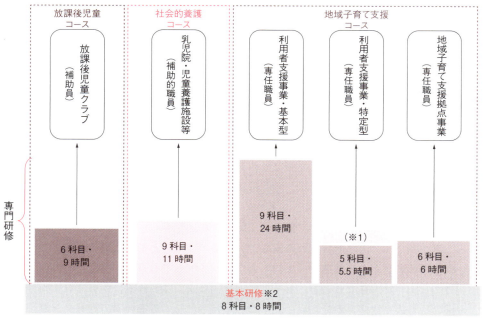

※1 「利用者支援事業・特定型」については、自治体によって、実施内容に違いが大きい可能性があるため、地域の実情に応じて科目を追加することを想定。
※2 基本研修については科目・時間ともに同じ
注）主な事業従事先を記載したものであり、従事できる事業はこれらに限られない（障害児支援の指導員等）。
注）太枠は、研修が従事要件となる事業。細枠は、研修の受講が推奨される事業。
資料：内閣府資料を一部改変。

COLUMN　保育者の専門性の成長にともなう職務と処遇の対応

　2017（平成29）年4月1日、厚生労働省から「保育士等キャリアアップ研修の実施について」（雇児保発0401第1号）が通知された。近年、保育所に求められる役割が多様化・複雑化し、保育士にはより高度な専門性が求められるようになっており、各種の研修機会の充実によってその専門性を向上させていくことが重要となっている。保育現場ではチームで保育を行っており、その職位等は法定化されていないものの、園長、主任をはじめ、初任者から中堅まで、さまざまな局面でリーダーシップを発揮しながら職務を効果的に分担するよう努めている。今回は特に中堅リーダーに対して、専門性の成長に合わせた研修を提供し、それにともない処遇が向上するよう、子ども・子育て支援法に基づいて賃金に上乗せがなされる。

　専門職では、①階層化された資格、②資格の段階にともなう職務内容、③職務内容にともなう処遇が一体的に運用されるべきであるが、保育士について②と③が実施されることになった。幼稚園教諭、保育教諭についても、同様のしくみが構築されており、就学前の子どもに対する専門職の資質向上が制度としてより前進した。これらが保育の質の向上につながる効果的なものとなるよう、自治体等の取り組みが期待される。
　　　　　　　　　　　　　　　　　　　　　　　　　　　　　（矢藤誠慈郎）

第4講

保育者の資質・能力

保育者は、どのような資質と能力を備えておくべきなのだろうか。そもそも保育者の資質や能力とは何なのか。

本講では、保育者自身のほか、保育の対象やチームワーク・協働性に求められる要素について学ぶとともに、自分自身の資質や能力への気づきとそれらを身につける方法についても考えていく。

Step 1

保育士の資質・能力とは

　保育士の資質とは何かと問われたとき、多くの人は「子どもが好き」「いつも笑顔である」「やさしい」「専門的な知識・技術がある」などと答えるだろう。もう少し専門的に資質を見ていくと、「保育士としての使命感」「保育への情熱」「子どもの思いや願いを的確にとらえる洞察力」「子どもの発達に関する理解」「保育内容に関する専門的知識」などと表現することができる。

　資質とは「生まれつきの性質や才能」であり、能力とは「物事を成し遂げることのできる力」である。つまり、資質は「ある」もので、能力は「つける」ものといえる。しかし、これらは一般的なことばの使い方であり、保育士の資質・能力として考えたとき、本来の意味における「資質」と保育士に求められる「資質」が共通する点もあるが、保育に対する学びを深め、理解が進む中で「資質」として備わっていくという可能性を考えれば、保育士における資質・能力は、両者ともに身につけていくことができるものといえる。

　ではなぜ保育士には資質・能力が問われるのか、保育士として求められる資質・能力を考える前に、保育所保育指針（以下、保育指針）から読み解いてみたい。

　保育所は「保育を必要とする乳児・幼児を日々保護者の下から通わせて保育を行うことを目的とする施設」（児童福祉法第39条）である。ここでいう保育とはもちろん単に子どもを預かり面倒をみることではなく「養護と教育の一体的な営み」であり、その保育を通して、「子どもが現在を最も良く生き、望ましい未来を作り出す力の基礎を培うこと」と保護者への支援を行うことを目標としている。

　現在の一人ひとりの子どものありのままの姿を受け止め、一人ひとりとのきめ細やかな関わりを通して、その子どもの未来への可能性を尊重することであり、それは保護者とともに行われることである。

　保育指針においては、子ども一人ひとりへの理解とそれに基づくきめ細やかなかかわりや援助と配慮、そして、安全に安心して、自発的・意欲的に過ごせる物的・人的な環境構成、遊びなどを通して、主体的な活動をし、子ども相互のかかわりが大切にされることなどが保育の方法としてあげられている。さらに、これらを実践する保育は福祉を増進する「生活の場」である。そして、保護者のもとにおける「家庭での生活」と「保育所での生活」は分断されることはなく、保護者との連携により成り立つのであり、そこに個々の保護者に必要な支援が求められる。

　これらの事をふまえて、保育士に求められる資質・能力とは何かを考えるとき、大きく分けると次の3つになる。

① 保育を考える力：保育の本質への理解といいかえることもできるだろう。「保育」とは何か、保育を通して子どもに何を伝えるのかという保育の内容への理解とともに、保育士として倫理を十分理解しているなどといった力である。

② 子どもを理解する力：基本的な発達に関する知識をもとに一人ひとりの子どもへの理解を深め、個々の子どもに寄り添う力である。

③ 人とかかわる力：保育は子どもだけとのかかわりではない。保育はチームワークをもって実践されることからもわかるように保育士同士のかかわり、子どもの育ちにかかわる専門職とのかかわり、そして、保護者を含めた大人とのかかわり、もちろん子どもとのかかわりがもとになるのだが、多くの人とのかかわりが必要となる。人との関係を構築していく力でもある。

　これらは、それぞれが相互に関連し、また、バランスよく身につくことが望ましい。次に、求められる資質・能力についてみていこう。

保育士に求められる資質・能力

　社会の状況、子どもを取り巻く環境が日々変わっていくなかで、保育を必要とする子育て家庭がかかえる課題は多様化し、ニーズを充足させるためにはさまざまなかかわりが必要となる。それは、保育者にとっても多くのスキルが求められていることとなる。

　そこで、保育士に求められる資質・能力について3つの視点から考えていこう。

① 保育士という仕事に関する資質・能力
② 保育の対象に対する資質・能力
③ 専門職としての資質・能力

① 　保育士という仕事に関する資質・能力

　保育士は児童福祉法第18条の4において「この法律で、保育士とは、第18条の18第1項の登録を受け、保育士の名称を用いて、専門的知識及び技術をもつて、児童の保育及び児童の保護者に対する保育に関する指導を行うことを業とする者をいう」と定義づけられている。また、保育指針の「第1章　総則　1(1)　保育所の役割　エ」には「保育所における保育士は、児童福祉法第18条の4の規定を踏まえ、保育所の役割及び機能が適切に発揮されるように、倫理観に裏付けられた専門的知識、技術及び判断をもって、子どもを保育するとともに、子どもの保護者に対する

保育に関する指導を行うもの」とされている。

　保育者、特に保育所保育士の法的な位置づけを知り、その社会的役割を理解することによって、保育士という仕事に関する資質・能力を知ることができる。

　保育所は児童福祉法第39条に「保育を必要とする乳児・幼児を日々保護者の下から通わせて保育を行うことを目的とする施設（利用定員が20人以上であるものに限り、幼保連携型認定こども園を除く。）とする」と規定されている。これは、2015（平成27）年より施行された新しい保育制度により児童福祉法が改正されたものである。社会状況の変化は、より子育てしやすい社会を目指して法改正をし、新たな制度を構築する。このように、子どもと子どもの育ちを取り巻く、とりわけ保育に関連する社会の動向に敏感であることも大切な資質・能力である。

　保育は、生命の保持と情緒の安定を図る「養護」と、心身の健全な成長・発達を助長する「教育」が一体となった営みである。つまり、子どもの命を預かっていることに対する責任感や使命感、人間形成の基礎を培う乳幼児期の成長・発達にかかわる専門職としての意識や人権や倫理への理解が保育者の基本的な資質・能力となる。

　また、保育は一人で行うことではなく、保育者間の連携はもとより、保護者支援や地域の子育て家庭への支援において、関連機関との協力、連携が不可欠となる。協調性をもちつつ、自らの役割を理解したかかわりが求められることから、協調性や保育士という職務への理解も資質・能力につながっていく。

　日々の変化に敏感であり、知識や技術は常に新しいものを求めて身につけていこうとする、「学ぶ」姿勢も大切にしながら、子どもの命を預かる仕事であること、保育士の存在が子どもの育ちに少なからず作用することを自覚し、責任感と使命感をもって職務にあたってほしい。

②　保育の対象に対する資質・能力

　保育は子どもへの行為と思われがちだが、家庭養育の補完機能を有し、子どもの生活を保育所という環境で支援するとともに、その保護者への支援も重要な役割である。同時に地域社会の子育て支援の中核としての機能も有している。

　保育指針の「第1章　総則　1(2)　保育の目標」には次のようにある。

Step1　Step2　Step3

> **保育所保育指針　第1章　総則　1(2)　保育の目標　（抜粋）**
>
> ア　保育所は、子どもが生涯にわたる人間形成にとって極めて重要な時期に、その生活時間
> の大半を過ごす場である。このため、保育所の保育は、子どもが現在を最も良く生き、望
> ましい未来をつくり出す力の基礎を培うために、次の目標を目指して行わなければならな
> い。
>
> イ　保育所は、入所する子どもの保護者に対し、その意向を受け止め、子どもと保護者の安
> 定した関係に配慮し、保育所の特性や保育士等の専門性を生かして、その援助に当たらな
> ければならない。

これは保育の目標を示しており、子どもの保育を通して「子どもが現在を最もよく生き、望ましい未来をつくり出す力の基礎を培う」ことと、「入所する子どもの保護者に対しその援助に当たる」ということである。

保育の対象は子どもとその保護者に限らず、多くの子どもや大人とかかわる。そのため、子どもが好きなだけではなく、人とのかかわりを通して、相手を理解し、その一人ひとりに適したかかわりを考え、援助することが必要である。

多くのかかわりをとおして相手を理解するためには、子どもの発達を理解しておかなければならないし、ただ単にコミュニケーションをとるだけでなく、技術としてのコミュニケーション能力が要求される。さらには、話を聞く姿勢、傾聴できるということ、相手の言動の意図や意味を考え、共感的に理解しようとすること、これらのどれが欠けても信頼される保育士となることはできない。

そして、よりよい保育を実践するためには、信頼関係が不可欠である。人が人を支援するという行為は、一歩間違えると、強者と弱者の関係になり、強者である保育士が弱者である子どもを支配（コントロール）する危険をはらんでいる。そうならないために、常に真摯な姿勢で子どもや保護者と向き合い、誠意をもってかかわらなければならない。

③　専門職としての資質・能力

保育士は、社会人としての一般的な常識を身につけていなければならない。あいさつができ、正しい言葉づかいで話すことができ、正しい日本語をていねいな字で書くことができる。このようなことは多くの職業に求められるだろう。仕事に対する意欲や主体性、向上心、チャレンジ精神や課題解決能力も期待される。適切な状況判断と対応、報告、連絡、相談も確実にできなければならないし、一人でかかえ込まず、周囲に助けを求めることも大切である。保育は一人でするのではなくチームワークが重要である。自分が何をしているかだけではなく、周囲は何をしているかということにも目を向ける。協調していかなければならない。

第4講　保育者の資質・能力

43

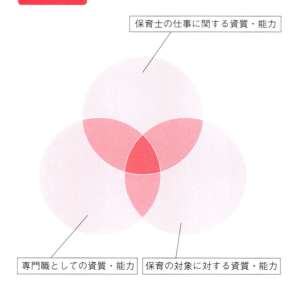

図表4-1 保育士の資質・能力のイメージ

また、さまざまなストレスに対処していく能力も備わっていたほうがよいだろう。保育はやりがいがあるがゆえに大変だと感じることも多い。自分の強さや弱さへの気づきとともにストレスに対処できるとよい。

図表4-1は、これまで述べてきた保育士に求められる資質・能力についてイメージしたものである。3つのカテゴリーに分けて示したが、それぞれは独立せず重なり合っていて、真ん中の色の濃い部分が保育士としての資質・能力の根幹部分になる。

資質・能力は固定化されたものでなく、向上させていくものである。当然、それぞれの円は大きくなっていかなければならない。また、3つの円が同じ大きさになっていくことも必要である。

現在、保育士は非常に多くの役割が期待され、なんでもできる万能な人間であることが求められているようにみえる。しかし、最初から何でもできるのではなく、必要とされる資質・能力がどのようなことかを常に考え、身に付けられるよう努力することが、多様な保育のニーズに対応できる保育士となり、子どもの育ちを支える専門職としてさらに向上することにつながる。

それには"なんとなくわかる"ではなく"理解する"ことが大切である。例えば「責任感」がなければいけないことはわかっていても、その責任感とは何なのか説明できなくてはならない。日々の保育に当てはめて考えると「子どもの命を預かっていることを自覚すること」や「預かった時と同じ状態（けがなどさせずに）で家に帰すことへの意識」などと説明できるかどうかだ。

このように、1つひとつの事柄を理解するまで考え学ぶ姿勢が非常に大切である。

保育士としての資質・能力への気づき

保育士の仕事は、日々の保育のなかで子どもの姿や表情から自分のかかわりへの

気づきを得ることはできる。また、さまざまな場面で、子どもの育ちを実感することもあるだろう。しかし、仕事としての成果や結果がすぐに出るものではない。そのため、自らが保育者としての資質・能力を備えているか否かを知ることは難しい。大変な間違いをしていなければ、なんとなくこのままでよいのだろうと思ってしまうこともありうる。当然、日々の保育に追われ心の余裕がなくなってしまうのかもしれない。しかし、それではいつまでも変わらないどころか、後退してしまうことにもなりかねない。

そうならないために、自分を客観化して振り返ることが必要である。客観化とは、自分の行いを他人の行いのようにみてみることであり、保育をしている自分の姿を俯瞰してみるようなイメージである。他人から指摘されるのとは違う点に気づくことができるだろう。自分自身での気づき（自己開示）、他者からの指摘（他者覚知）をとおして自己覚知を進め、さらなる自分への気づきを得ることができる。

この振り返りを「省察」といい、図表4-2のようになる。

図表4-2　省察の流れ

自らのかかわりや行為を客観化する 客観化してみたとき適切であったかどうか、それはなぜかを考える 結果から新たな課題を発見する＝気づき

自らのかかわりの客観化を通して、その行いがどうであったのかをあらためて考えていく。自分の行いに対して「なぜ」とその理由を問う、つまり、ねらいや意図をもってかかわっていたのかどうかの振り返りをする。そしてそれを保育指針や全国保育士会倫理綱領に照らしてみて確認し、よりよいかかわりにつなげるための課題を発見し、実践へつなげていく。この繰り返しが保育の質を高めていく。

また、幅広い資質・能力を身につけた保育士になっていくためには、専門性にみがきをかけることと同時に、いろいろなことに目を向けることも大切である。いろいろなことに興味や関心をもち、視野を広げるからこそ、自らの専門性が際立っていくといえる。

Step2

1. 幼稚園教諭に求められる資質・能力

　かつて就学前の子どもの多くは、幼稚園という教育機関と保育所という児童福祉施設のいずれかに通っていた。子どもの育ちを巡る社会的状況の変化にともない、幼稚園の機能と保育所の機能を一体化したこども園ができたのは2006（平成18）年である。さらに2015（平成27）年には、子ども・子育て新制度の施行にともない「幼保連携型認定こども園」が設立され、保育教諭という呼称が新たにできている。

　では、同じ乳幼児期にかかわる幼稚園教諭に求められる資質・能力とはどのようなことなのかここでみていきたい。中央教育審議会教員の資質能力向上特別部会による「教職生活の全体を通じた教員の資質能力の総合的な向上方策について（審議のまとめ）」（文部科学省、2012（平成24）年）では、これからの社会と学校に求められる役割をふまえ、幼稚園教諭を含む教員に求められる資質・能力を次のように述べている。これらは相互に結びついている。

(i) 教職に対する責任感、探究力、教職生活全体を通じて自主的に学び続ける力
(ii) 専門職としての高度な知識・技能
(iii) 総合的な人間力

　また、「幼稚園教員の資質向上について－自ら学ぶ幼稚園教員のために」（報告）（2002（平成14）年）では、幼稚園教員としての資質として、「幼児一人一人の内面を理解し、信頼関係を築きつつ、集団生活の中で発達に必要な経験を幼児自らが獲得していくことができるように環境を構成し、活動の場面に応じた適切な指導を行う力をもつことが重要である。また、家庭との連携を十分に図り、家庭と地域社会との連続性を保ちつつ教育を展開する力なども求められている。その際、幼稚園教育が、小学校以降の生活や学習の基盤の育成につながることに配慮し、幼児期にふさわしい生活を通して、創造的な思考や主体的な生活態度などの基礎を培うことに留意する必要がある」と述べられている。

　ここに取り上げた内容は、幼稚園教育要領と照らし合わせてみることで、より明確な理解につなげることができるだろう。幼稚園教育要領「第1章　総則　第1　幼稚園教育の基本」では、幼児期の教育が人格形成の基礎を培う重要なものと位置づけ、子ども理解のもと幼児期の特性をふまえ、環境を通して行う教育について記されている。その中には、幼児との信頼関係、幼児の主体的な活動、幼児期にふさわしい生活の展開、よりよい教育環境の創造といった言葉があり、上述した資質

と共通していることがわかる。

　保育士との対比においても、専門的な用語に違いがみられるものの、基本部分ではその資質・能力は同様であるといえよう。また、幼保連携型認定こども園にて従事する保育教諭においては両者を併せ持つことが必要となる。

2. 仕事をするうえで必要な資質・能力

　ここまで保育士・幼稚園教諭に求められる資質・能力についてみてきたが、その前提として仕事をするうえで求められる資質・能力についてまとめたものが**図表4-3**である。どの資質・能力も、保育者として身につけなければならない能力としてあてはめることができる。保育者であるから特別な資質・能力があるのではなく、基本的な資質・能力はどのような職業にも共通しているといえる。

図表4-3 仕事をするうえで必要な能力

①基本的能力	
主体性	自主的に仕事に取り組む姿勢
責任感・積極性	任務や義務を果たす姿勢・能動的な姿勢
実行力・チャレンジ精神	目標をもち限界を決めず取り組む意欲
自己制御力	感情や行動を場面に合わせてコントロールする力
創造力	新しい発想や価値をつくり出そうとする力
②対人関係にかかわる能力	
傾聴力	相手の話をまずは聴き理解しようとする力
柔軟性	意見や立場の違いを柔軟に理解する力
コミュニケーション能力	言語的・非言語的なコミュニケーションを通じて言葉や気持ちを伝え、理解する能力
協調性	互いに協力し合う姿勢
対人関係力	人間関係を構築していく力
③職務を遂行する能力	
学ぶ力	知識や技術を習得する力
状況判断力	状況を客観的に判断する力
課題発見力	課題を見つける力
計画力	課題達成のための計画作成力
問題解決能力	問題の解決に向け取り組む力
ストレス耐性	ストレスをためない、解消する力

資料：OECD における「キーコンピテンシー」について（文部科学省）、社会人基礎力（経済産業省）の資料をもとに作成。

Step3

子どもの育ちを支える専門職の資質・能力

　保育士が活躍する場は、保育所だけではなく、児童福祉施設等で専門性を活かした援助をしている。Step 3では、これまで述べてきた保育士の資質・能力をふまえ、社会的養護のなかでも施設養護にたずさわる保育士の資質・能力についてみていきたい。

　児童福祉施設は、児童福祉法に規定されており12の種別がある。

> 助産施設（第36条）・乳児院（第37条）・母子生活支援施設（第38条）・保育所（第39条）・幼保連携型認定こども園（第39条の２）・児童厚生施設（第40条）・児童養護施設（第41条）・障害児入所施設（第42条）・児童発達支援センター（第43条）・児童心理治療施設（第43条の２）・児童自立支援施設（第44条）・児童家庭支援センター（第44条の２）

　なかでも、何らかの理由により保護者のもとで養育ができない子どもたちの生活を支援することは施設養護といわれており、乳児院、児童養護施設、障害児入所施設、児童心理治療施設、児童自立支援施設がこれにあたる。施設養護はそれぞれの家・家庭に代わり家庭機能の代替を担う入所施設であり、支援にあたる者には社会的養護に関する正しい知識と、実践におけるさまざまな工夫が求められる。

　施設養護、特に乳児院や児童養護施設の役割はまず「あたりまえの生活」を支援することにある。朝起きて、ご飯を食べ、学校に行き、帰ってきてから宿題をして、夕食を食べてお風呂に入り、寝るというような「生活」ができない状況があり、施設入所せざるを得なくなったのである。もちろんその背景には、貧困や虐待、ネグレクトやDVなどがあるが、なにより「生きていく」ことを守ることが一番であり、そのうえで、虐待により受けた心の傷のケアや一人ひとりがかかえる課題へのケアが行われる。さらに、家族との関係調整のもと家族関係の再構築を行い、家庭復帰を目標とする。実際には家庭復帰は困難なことが多いため、社会において自立生活できる力をつける支援が行われている。

　このような支援をするために、施設保育士には次の視点をもち子どもとかかわっていくことが求められる。

① 子どもの最善の利益

　児童の権利に関する条約（1989年採択）の第３条には「1　児童に関するすべての措置をとるに当たっては、公的若しくは私的な社会福祉施設、裁判所、行政当局又は立法機関のいずれによって行われるものであっても、児童の最善の利益が主と

して考慮されるものとする」と子どもの最善の利益が規定されている。その子どもにとって最善を目標として支援する視点が必要である。

② 生存と発達の保障

これまでの生活では発達を支えられることはおろか生命さえも奪われかねない状況にあった子どももいることを考えると、それぞれの子どもがもつ生きる力を支え、保育所等と同じく発達保障の視点をもってかかわることが重要である。

③ 子どもの権利擁護

子どもの意見表明を大切にし、その代弁者（アドボケーター）としての役割を担う。集団生活であるがゆえに子どもの存在を「個」として尊重し、子ども一人ひとりがもつ生きる力を最大限引き出し、自立に向けた支援を行うことが重要である。

このような視点をもち養護を必要とする子どもたちの支援を行う保育士には、どのような資質・能力が求められるのだろうか。あたりまえの生活を送りつつ、それぞれがかかえる課題解決のための支援をする点から考えると、①生活をする力、②日常を大切にする生活意欲、③自分を大切にしようとする自己肯定観、④自分の人生を自己管理できる自立性などがあげられる。

さらに、保育所保育士同様、児童養護施設や乳児院等にも倫理綱領があるので（**参考資料2、3参照**）、それぞれの倫理綱領への理解を深め、倫理観が身についていることが求められる。

最後に、倉橋惣三は多くの論稿や著書のなかで、たくさんの保育者とのかかわりを通して保育者の姿について述べている。特に保育者が自分自身を考えることが大切であるとし、保育者の資質をその人の人間性からとらえることをすすめている。時代は変わり、社会状況の変化にともなって、保育のしくみや内容、家族のありようや子どもの生活などが変わってきても、変わらない保育者の姿をそこから読み取ることができるだろう（**図表4-4**）。

図表4-4 保育者とのかかわりからその改善点（昭和12年当時）

①健康⇒心身ともに健康であること
②服装⇒子どもにとってその服装がどうなのかということ
③熱意⇒しなければならいことプラスαが熱意である
④趣き⇒表面的なことだけでなく、その底にあるものこそ趣がある
⑤事務⇒記録や書類整理は社会の公的施設として必要不可欠である
⑥言葉⇒言葉づかいの問題として語気・語調・語勢に気をつける
⑦広い関心⇒保育そのものだけでなく、保育制度、行政、政策など保育事業全般へ関心をもつ

参考文献

● 幼稚園教員の資質向上に関する調査研究協力者会議報告書「幼稚園教員の資質向上について―自ら学ぶ幼稚園教員のために」（報告），2002.

● 大場幸夫企画，阿部和子・梅田優子・久富陽子・前原寛『保育者論』萌文書林，2012.

● 厚生労働省編『保育所保育指針解説書　平成30年3月』フレーベル館，2018.

● 文部科学省『幼稚園教育要領解説書　平成30年3月』フレーベル館，2018.

● 吉田眞理編，高橋一弘・村田紋子『社会的養護内容』萌文書林，2011.

● 森上史朗・柏女霊峰編『保育用語辞典　第8版』ミネルヴァ書房，2015.

● 網野武博・無藤隆・増田まゆみ・柏女霊峰『これからの保育者にもとめられること』ひかりのくに，2006.

● 津守真，森上史朗編『倉橋惣三と現代保育』フレーベル館，2008.

● S. フィーニー・D. クリステンセン・E. モラヴィック，Who am I 研究会訳『保育学入門　子どもたちと共に生きる保育者』ミネルヴァ書房，2010.

COLUMN　保育者として成長し続けること

　保育所等の人材募集では、「子どもが好きであること」「明るく・元気でいつも笑顔であること」と書かれているものが多い。インターネット上でも上記があたかも「保育者の資質・能力」であるかのように多く目にする。保育者のイメージが、求められる保育者像として社会に広まっているのだろう。「子どもが好きであること」は前提であるが、そのことだけが「保育者の資質・能力」というわけではない。

　保育の現場も社会である。さまざまなタイプの保育者がいるだろう。もちろん大多数の子どもは一般的な保育者のイメージ、明るく楽しい保育者が大好きだ。ただ、実習を通して保育現場にふれたとき、イメージしていたものと自分の姿に大きな違いを感じて、長年夢見た保育者へのモチベーションが下がってしまうことがある。でもそんなときこそ、自分らしさを最大限に活かせる保育者の姿を思い浮かべて、そこをスタート地点として、実務を通して「保育者の資質・能力」を身につけていってほしい。　　　　　（上村麻郁）

第5講

養護および教育の一体的展開

保育所での保育は「養護」と「教育」が一体となって実践される。本講では保育所保育の「養護」と「教育」の具体的な内容と実践を中心に学習する。はじめに保育所保育での「養護」と「教育」の内容を保育所保育指針などからとらえる。次に近接領域である幼稚園の「教育」について学習し、総合的に「養護」と「教育」を理解する。最後に「養護」と「教育」が一体となった保育実践を事例に基づいて学習する。

Step 1

1. 保育所保育における「養護」と「教育」

子どもの権利としての「養護」と「教育」

　子どもは自ら権利を主張する主体的な存在である。人格形成にとって重要な時期である乳幼児期においては、保育者は主体的存在として子どもを受け止め、子どもの気持ちに寄り添った保育を実践する「養護」が重要である。この実践を通して保育士の子どもへの理解が深まり、子どもとの信頼関係が構築される。子どもと保育者の信頼関係は、子どもに安心して自ら周囲の環境にかかわる意欲をもたせ、身体的な機能を成長させ、社会の慣習、知識などを身につけさせる。保育所や幼稚園では、教科学習中心の小学校以降の教育とは異なり、子どもが自ら環境にかかわり、遊びなどを通して多様な学びを得る「教育」が必要とされている。

　また、子どもは大人と比較して、自立して生きることについて未熟な存在でもある。2016（平成28）年6月に児童福祉法が改正され、その第1条から第2条において児童の福祉を保障する原理が明確化されている。具体的には「児童は、適切な養育を受け、健やかな成長・発達や自立等を保障されること等の権利を有する」と述べられている。つまり、子どもは社会全体から適切な養育を受ける「守られるべき存在」であることを前提として、心身の健全な成長などが保障される権利を有しているのである。そのため、児童福祉法に規定されている保育所ではこの原理にしたがって保育を実践する必要があり、子どもの命を守り、安心した生活を支援する「養護」的な部分がより重視されている。

保育所における「養護」と「教育」

　保育所において「養護」と「教育」を実践することは、保育所保育指針（以下、保育指針）の「第1章　総則　1　(1)　保育所の役割　イ」で「保育所は、その目的を達成するために、保育に関する専門性を有する職員が、家庭との緊密な連携の下に、子どもの状況や発達過程を踏まえ、保育所における環境を通して、養護及び教育を一体的に行うことを特性としている」と規定されている。つまり、保育所保育の特性として、保育者は「養護」と「教育」が一体となった保育を実践することが必要とされている。

　この背景として、核家族化や少子化などによる家庭や地域の子育て機能の低下があげられる。この家庭や地域の子育て機能の低下により、家庭で子どもが心身において健全な成長を育めるような規則正しい生活を送ることができなかったり、保護

者が子育てに関して気軽に相談できる相手がおらず、育児に対する悩みや不安をかかえる保護者が増加していることが社会的問題となっている。さらに、子どもに対する虐待件数は増加する一方であり、社会的養護に対する期待が社会的に高まっている現状がある。このような状況から、子どもが1日の大半の時間を過ごす保育所において、子どもが安心・安全に生活できる「養護」的なかかわりと、発達に応じたしかるべき能力や社会的規範などを身につける「教育」の実践が求められているのである。

○児童福祉法（改正：平成28年6月公布、平成29年4月施行）

第1条　全て児童は、児童の権利に関する条約の精神にのっとり、適切に養育されること、その生活を保障されること、愛され、保護されること、その心身の健やかな成長及び発達並びにその自立が図られることその他の福祉を等しく保障される権利を有する。
第2条　全て国民は、児童が良好な環境において生まれ、かつ、社会のあらゆる分野において、児童の年齢及び発達の程度に応じて、その意見が尊重され、その最善の利益が優先して考慮され、心身ともに健やかに育成されるよう努めなければならない。
2　児童の保護者は、児童を心身ともに健やかに育成することについて第一義的責任を負う。
3　国及び地方公共団体は、児童の保護者とともに、児童を心身ともに健やかに育成する責任を負う。

2.「養護」と「教育」が一体となった保育

　保育指針において「養護」と「教育」は具体的にどのように規定されているのだろうか。保育指針の「第2章　保育の内容」では「保育における、『養護』とは、子どもの生命の保持及び情緒の安定を図るために保育士等が行う援助や関わりであり、『教育』とは、子どもが健やかに成長し、その活動がより豊かに展開されるための発達の援助である」としている。また、「保育士等が、『ねらい』及び『内容』を具体的に把握するため、主に教育に関わる側面からの視点を示しているが、実際の保育においては、養護と教育が一体となって展開されることに留意する必要がある」と述べられている。すなわち、保育所保育での「養護」は、保育士が子どもを主体的な存在として認め、子どものあるがままの姿を受け止め援助して愛着関係を形成することで、子どもの生命の保持と情緒の安定を図ることを意味する。また、保育所保育における「教育」の意味は、子どもが環境との相互作用を通して、保育内容の5領域に基づき、生きる力の基礎となる「知識及び技能の基礎」「思考力、

判断力、表現力等の基礎」「学びに向かう力、人間性等」の資質・能力を一体的に育むことである。

　保育所での「養護」と「教育」が一体となって展開する保育の特性の具体的内容とは、保育者が子どもを一人の人間として尊重し、その命を守り、情緒の安定を図りつつ、乳幼児期にふさわしい経験が積み重ねられていくようていねいに援助することである。そして、子どもは自分の存在を受け止めてもらえる保育者や友達との安定した関係のなかで、自ら環境にかかわり、興味や関心を広げ、さまざまな活動や遊びにおいて、心を動かされる豊かな体験を重ねながら新たな能力を獲得する。

　また、「生命の保持」と「情緒の安定」の意味を保育指針の「第1章　総則　2　養護に関する基本的事項　(2)　養護に関わるねらい及び内容」の「ア　生命の保持」「イ　情緒の安定」に関する「ねらい」の内容によって具体的にとらえると、「ア　生命の保持」では保育所での生活を快適に健康で安全に過ごし、生理的欲求を十分に満たし健康増進を積極的に図ることが内容として示されている。また、「イ　情緒の安定」では、子どもの成長の基盤となるために安定感をもって保育所での生活を送ること、自分の気持ちを安心して表すこと、保育士によって子どもが一人の主体として受け止められ肯定的な気持ちを育むこと、そして子どもの心身の疲れを癒すことが内容として述べられている。

　つまり、保育所保育では、保育士が子どもの心身の健康と安全を図る「生命の保持」と、子どもを一人の人間として受け止め安心できる存在として愛着関係の構築を図る「情緒の安定」といった「養護」が保育の基盤となっている。そして、「養護」を基盤として子どもが主体的に活動し、その時期に身につけることが望ましい能力などを獲得する「教育」が一体となって保育実践がなされるのである。このように、保育所保育では「養護」を基盤として「教育」を展開することが求められ、「養護」と「教育」は切っても切り離せない関係であることが理解できる。

3.「養護」と「教育」の保育内容

　保育指針は「第1章　総則　1　(2)　保育の目標」のなかで「保育所の保育は、子どもが現在を最も良く生き、望ましい未来をつくり出す力の基礎を培うために、次の目標を目指して行わなければならない」として、「養護」と「教育」が一体となった保育所保育の目標を述べている。目標は次に示す通りであるが、(ア)が養護に関する内容である。保育所保育の教育的な内容は学校教育法に規定されている幼稚

園での5領域（健康、人間関係、環境、言葉、表現）と同様であり、(イ)が「健康」、(ウ)が「人間関係」、(エ)が「環境」、(オ)が「言葉」、(カ)が「表現」に関する内容である。以上の目標をふまえ、保育所では保育の計画（全体的な計画、指導計画）を作成し「養護」と「教育」が一体となった保育を実践する必要性がある。

○「養護」と「教育」が一体となった保育所保育の目標

保育所保育指針　第1章　総則　1　(2)　保育の目標　ア　(ア)〜(カ)

(ア)　十分に養護の行き届いた環境の下に、くつろいだ雰囲気の中で子どもの様々な欲求を満たし、生命の保持及び情緒の安定を図ること。

(イ)　健康、安全など生活に必要な基本的な習慣や態度を養い、心身の健康の基礎を培うこと。

(ウ)　人との関わりの中で、人に対する愛情と信頼感、そして人権を大切にする心を育てるとともに、自主、自立及び協調の態度を養い、道徳性の芽生えを培うこと。

(エ)　生命、自然及び社会の事象についての興味や関心を育て、それらに対する豊かな心情や思考力の芽生えを培うこと。

(オ)　生活の中で、言葉への興味や関心を育て、話したり、聞いたり、相手の話を理解しようとするなど、言葉の豊かさを養うこと。

(カ)　様々な体験を通して、豊かな感性や表現力を育み、創造性の芽生えを培うこと。

　上記の「養護」と「教育」の目標を達成するために保育指針「第1章　総則　2　養護に関する基本的事項　(2)　養護に関わるねらい及び内容」は、「養護」に関する前述の(ア)の内容を具体化したものであり、生命の保持と情緒の安定に分類して記述されている。「教育」に関しては、「第2章 保育の内容」のねらい及び内容において前述の5領域の内容を示す(イ)〜(カ)を具体化している。保育指針では「第2章 保育の内容」のねらい及び内容に示す5領域の内容に基づいて、生きる力の基礎となる「知識及び技能の基礎」「思考力、判断力、表現力等の基礎」「学びに向かう力、人間性等」の資質・能力を保育活動全体で育むことが示されている。

　また、保育指針は2017（平成29）年の改定により、保育所保育が幼児教育の重要な一翼を担っているととらえ、保育所保育における幼児教育の機能が積極的に位置づけられた。具体的には、卒園時までに育ってほしい姿を意識した保育の内容の充実、保育の計画・評価のあり方等についての記載内容の充実、主体的な遊びを中心とした教育内容に関する幼稚園、認定こども園との整合性を引き続き確保することである。したがって、保育所保育において「養護」を基盤とした保育に加えて、以前よりも「教育」を意識した保育を実践することが求められている。

　さらに「第2章 保育の内容」では「乳児」「1歳以上3歳未満児」「3歳以上」

の3つの年齢区分ごとのねらいと内容が新たに設定されている。特に保育所の3歳未満の子どもの定員増、3歳以上の子どもとの微妙な発達や課題の違い、非認知能力の基礎を育てることの大事さが確認されたことにより3歳未満児の保育に関する記載を充実させている。特徴として、「乳児」のねらいおよび内容の視点において、5領域ではなく「健やかに伸び伸びと育つ」「身近な人と気持ちが通じ合う」「身近なものと関わり感性が育つ」という3つの項目を設定している点である。乳児の保育が、その後の成長や生活習慣の形成などに大きな影響を与えることを留意して、子どもの主体性を育む保育を重視した内容が記載されている。

4.「養護」と「教育」を展開するための環境

「養護」と「教育」が一体となった保育実践をするためには、保育所の環境構成が重要である。それは、子どもにとって保育所が1日の大半を過ごす生活空間であり、子どもの生命の保持と情緒の安定を図ることができる環境構成が必要不可欠だからである。

保育指針は「第3章　健康及び安全」において、「子どもの健康及び安全の確保は、子どもの生命の保持と健やかな生活の基本であり、一人一人の子どもの健康の保持及び増進並びに安全の確保とともに、保育所全体における健康及び安全の確保に努めることが重要となる。また、子どもが、自らの体や健康に関心を持ち、心身の機能を高めていくことが大切である」と述べている。ここでは、子どもの健康および安全の確保が保育所保育の基本であることが示されている。そのためには、保育所全体で子どもが危険な状態にならないように気を配る必要がある。また、子どもが健康と安全に関する知識や技術を身につけ、自ら心身の健康を保つことができるようになるための援助もしなくてはならない。

このように、保育所全体で子どもの生命の保持と健やかな生活を保つ取り組みが必要であることが述べられている。さらに、保育指針の「第3章　健康及び安全　3　環境及び衛生管理並びに安全管理」では、次に示す通り生命の保持と健やかな生活を保つための環境構成が具体的に記述されている。衛生管理において、保育指針「第3章　健康及び安全　3　環境及び衛生管理並びに安全管理　(1)　環境及び衛生管理　ア」の項目では保育所の温度等の調節に関する内容が記述されている。例えば、真夏の保育では熱中症などの予防に備え、保育室のエアコンなどの温度管理、いつでも水分補給できるような配慮、園庭での日陰の確保などの環境構成が求められているのである。「イ」の項目は衛生管理に関する内容であり、保育室や砂

場などの清潔の確保などがあげられている。特にインフルエンザなどの感染症に対する予防（手洗い・うがい、嘔吐物の処理など）が求められている。

　次に「(2) 事故防止及び安全対策」の「ア～ウ」では、保育所のセーフティマネジメントに関する内容が記述されている。子どものけがなどの事故防止のために、保育室や園庭の設備、玩具、遊具などチェックリストを用いて定期点検などを行い、それらが安全に使用できるかどうか確認する。そして、定期点検の結果は保育所のすべての職員で共有することが大切である。「第3章　健康及び安全　4　災害への備え」では、災害、事故、危機管理に関することが記述されており、災害時を想定した避難訓練の計画、事故防止のマニュアルの作成と周知、不審者や地震などの緊急事態発生時の危機管理の検討が求められている。

Step2

1. 幼稚園の「教育」

　幼稚園における「教育」は法的にどのように位置づけられているだろうか。幼稚園は学校教育法第1条に規定される文部科学省管轄の学校に位置づけられている。また、教育基本法第6条1項は学校教育を行う設置者の資格について「法律に定める学校は、公の性質を有するものであって、国、地方公共団体及び法律に定める法人のみが、これを設置することができる」と述べている。そして、上記の教育基本法第6条第1項の「法律に定める学校」とは、学校教育法第1条で規定される学校を示すことから、幼稚園の「教育」とは学校教育を意味することが理解できる。

　また、幼稚園での学校教育を具体的にとらえると、幼稚園教育要領の「第1章　総則　第1　幼稚園教育の基本」は「幼稚園教育は、学校教育法に規定する目的及び目標を達成するため、幼児期の特性を踏まえ、環境を通して行うものであることを基本とする」と述べている。さらに、学校教育法第22条では「幼稚園は、義務教育及びその後の教育の基礎を培うものとして、幼児を保育し、幼児の健やかな成長のために適当な環境を与えて、その心身の発達を助長することを目的とする」と示されていることから、幼稚園での学校教育の目的は「義務教育及びその後の教育の基礎を培う」ことであると理解できる。

　一方、保育所保育において「養護」と一体的に実践される「教育」は、**Step 1**でも述べたとおり、保育所保育指針の「第2章 保育の内容」における「子どもが健やかに成長し、その活動がより豊かに展開されるための発達の援助」を意味する。これは、教育基本法第11条における「幼児期の教育は、生涯にわたる人格形成の基礎を培う重要なものであることにかんがみ、国及び地方公共団体は、幼児の健やかな成長に資する良好な環境の整備その他適当な方法によって、その振興に努めなければならない」と同様の意味をもち、「教育」を子どもの発達支援を含んだものとして広くとらえている。一方、幼稚園での「教育」は学校という場所で展開される狭義の意味をもつ学校教育であり、保育所の「教育」は発達支援を含めた広義の意味をもつ「教育」ととらえることができる。

2. 5領域に基づく「教育」の展開

　幼稚園教育要領（以下、教育要領）の「第1章　総則」では「幼稚園教育は、学校教育法に規定する目的及び目標を達成するため、幼児期の特性を踏まえ、環境を通して行うものであることを基本とする」と述べられ、幼稚園教育は環境を通した

教育を理念として、幼児期の教育としてふさわしい、遊びを中心とした教育実践が求められている。また、教育実践における具体的な教育内容については、教育要領の「第2章　ねらい及び内容」において幼児期の発達の側面から「健康」「人間関係」「環境」「言葉」「表現」の5領域にまとめられている。それぞれの領域には、幼稚園教育において育みたい資質・能力を幼児の生活する姿からとらえたものである「ねらい」と、その「ねらい」を達成するために指導する事項である「内容」が示されている。

　各領域は「ねらい」「内容」と幼児の発達をふまえた指導を行う際に留意すべき事項である「内容の取扱い」で構成され、5領域の「ねらい」は**参考資料5**のとおりである。以下は幼児の発達の側面からまとめられた各領域の要旨と2017（平成29）年の改定において「第2章　ねらい及び内容」の各領域に新たに追加された事項である。

　「健康」は心身の健康に関する領域であり、改定では「ねらい」において見通しをもって行動すること、「内容」で食べ物への興味関心をもつことが新たに示されている。さらに「内容の取扱い」においても多様な動きを経験するなかで体の動きを調整するようにすること、安全に関する指導の重要性の観点等から安全に関することを新たに記述している。「人間関係」は人とのかかわりに関する領域であり、改定での追加内容は「ねらい」に工夫したり、協力したりして一緒に活動する楽しさを味わうこと、「内容の取扱い」では諦めずにやり遂げることの達成感や前向きな見通しをもつことが示されている。「環境」は身近な環境とのかかわりに関する領域であり、改定において「内容」に日常生活のなかで、わが国や地域社会におけるさまざまな文化や伝統に親しむことが新たに示された。「言葉」は言葉の獲得に関する領域であり、改定では「ねらい」において、言葉に対する感覚を豊かにすること、生活のなかで、言葉の響きやリズム、新しい言葉や表現にふれ、これらを使う楽しさを味わえるようにすることが追加されている。「表現」は感性と表現に関する領域であり、改定によって「内容の取扱い」に自然のなかにある音、形、色などに気づくようにすることが追加されている。

　以上のように、幼稚園では5領域の「ねらい」の趣旨に基づき、教育要領に示した「内容」と地域や幼稚園の実態に応じて教育課程を編成した「教育」が展開される。幼稚園での「教育」においては子ども自らの意志によって行動し、そこから学びを得ることが大切であり、それゆえ保育者は子どもが主体的にかかわる意欲をもつことができる環境を構成して「教育」を展開することが大切なのである。

Step3

1. 子どもの日常生活における保育士のかかわりと援助

事例1　子どもの気持ちを受け止める

　1歳児クラスでの保育実践である。当日は保育参観があり、保護者は午前中の活動を参観し午睡時に帰宅することになっていた。多くの子どもは保護者と別れる際に泣いている状況であった。

　そのなかでA子は泣くこともなく母親と別れ、自分の布団でゴロゴロと寝ころんでいる状況であった。保育士は泣いているほかの子どもと中心的にかかわり、子どもの気持ちが落ち着くと通常の午睡の援助を行っていた。ほかの子どもたちへの援助が一段落つくと、保育士はA子が寝ている様子を確認した。すると、A子は指しゃぶりをしながら声を出さずに泣いていた。その様子を見た保育士は、A子に対して「Aちゃんどうしたの、さびしかったの」と声をかけ抱きしめた。そして、保育士は「さびしいときは泣いていいよ」と声をかけ、さらに「保育所でもAちゃんの気持ちを素直に出していいよ」と話しかけていた。A子は気持ちが落ち着いた様子で、そのまま眠りに入った。

養護的かかわり

　1歳の子どもは母親との分離不安の最も強い時期である。事例には、保育参観後の母親と別れて泣いている子どもたちの様子が記されている。A子の指しゃぶりの行動を推察すると、A子が母親と別れたさびしい気持ちを落ち着かせようとしていることが理解できる。保育士はその様子に気付き、A子に対して抱きしめたりするなどA子のさびしい気持ちを受容して、共感するようにかかわっている。このような養護的なかかわりによって、A子と保育士は愛着関係を築くことができる。そして、A子にとって保育士が安心できる存在となり、A子が保育所において情緒的に安心して生活することが可能となるのである。

教育的かかわり

　上記の養護的かかわりによりA子が保育士と愛着関係を築き、身近な大人や子どもとのかかわりが深まることを期待できる。さらに保育士はA子に対して保育所でも自分の気持ちを素直に出して生活するように声をかけ、自分が思っていることを伝えることで他人に自分の気持ちを理解してもらえるよう、「人間関係」の内容に即した育ちをうながす教育的なかかわりが含まれている。

Step3

2. 遊びの場面における保育士のかかわりと援助

> **事例 2　自然物にかかわりをもった遊びへの援助**
>
> 　自由遊びの時間に仲のよい2歳児のB君と4歳児のC君の兄弟は園庭にあるジャングルジムで遊んでいた。保育士は危険がないように2人の遊びを見守っていた。2人はジャングルジムで一頻り遊ぶとケヤキの木の落ち葉を拾って遊び始めた。B君は落ち葉を両手いっぱいに持ち、空に向かって放り投げて、落ち葉が自分にかかることを楽しんでいる。C君は形のよい落ち葉を拾い集め、保育士に自慢して見せた。保育士はC君に「たくさん集めたね」と声をかけながら、落ち葉をつなげてC君に見せた。C君は拾った落ち葉を見よう見まねでつなぎはじめた。保育士はB君を呼びC君のやっている様子を見せた。B君も落ち葉をつなげる作業に興味をもち、自分もやると言いだした。しかし、B君はうまくつなげることができず、保育士はその様子を見守っていた。やがて、C君がB君の様子に気づき、落ち葉をつなげる作業を教えて、いっしょに落ち葉をつなぎはじめた。2人は落ち葉をつなげて輪の形に完成させた。保育士は2人に「完成させた落ち葉をどうするの」と声をかけると、2人は「ネックレスだからお母さんにあげるの」と答えた。

養護的かかわり

　ジャングルジムで遊んでいる際に、2人の兄弟に危険がないように保育士が見守ることは、子どもの安全を確保するうえで必要な行為である。特に2歳の子どもは身体的な機能が未熟なため、遊ぶ様子に対して気をつけなければならない。また、保育士は子どもの思いを理解して、自慢気に拾った落ち葉を見せた子どもを受容したり、完成させた落ち葉のネックレスに対して問いかけている。このような応答的なかかわりによって、子どもの気持ちに満足感を与えている。

教育的かかわり

　子どもは保育所の「環境」のもとで自然にふれ合いながら、落ち葉に興味をもち遊びを展開している。さらに、保育士は落ち葉をつなげる作業を子どもに見せることによって、子どもが落ち葉を使ったネックレスの製作という遊びに発展させて「表現」する教育的かかわりをもっている。また、保育士は言葉かけと見守りを通して、子どもの自発的な取り組みをうながしている。例えば、兄のC君が行っている作業を弟のB君に見せることで、一緒に作業したいという気持ちをB君にもたせ、C君がB君にやり方を教えていっしょに作業することを見通した援助となっている。

参考文献

- 橋本好市・直島正樹編著『保育実践に求められるソーシャルワーク――子どもと保護者のための相談援助・保育相談支援』ミネルヴァ書房，2012.
- 倉橋惣三『幼稚園真諦』フレーベル館，1976.
- 浦辺史・宍戸健夫・村山祐一編『保育の歴史』青木書店，1981.
- 社会福祉士養成講座編集委員会編『新・社会福祉士養成校講座⑥ 相談援助の基盤と専門職 第3版』中央法規出版，2015.
- 汐見稔幸・無藤隆監，ミネルヴァ書房編集部編『〈平成30年施行〉保育所保育指針 幼稚園教育要領 幼保連携型認定こども園教育・保育要領 解説とポイント』ミネルヴァ書房，2018.

COLUMN 社会的養護

　児童養護施設などの児童福祉施設では「社会的養護」が実践されている。「社会的養護」は、厚生労働省によって「保護者のない児童や、保護者に監護させることが適当でない児童を、公的責任で社会的に養育し、保護するとともに、養育に大きな困難を抱える家庭への支援を行うこと」と定義されている。つまり、「社会的養護」とは、国および地方公共団体などの公的機関が、保護者から養育を受けることができないもしくは難しい子どもに対して行う支援、また、子どもを養育することが難しい家庭に対して行う自立支援を意味している。

　「社会的養護」には、入所型施設などでの養護を意味する「施設養護」、里親やファミリーホームなどでの養護を意味する「家庭養護」、施設養護においてより家庭的な養育環境に近い養護を意味する「家庭的養護」に分類される。現在のわが国の支援方針として、大規模な「施設養護」からより家庭的な雰囲気で養護できる「家庭養護」「家庭的養護」に重点がおかれている。

（千葉弘明）

第 6 講

家庭との連携と
保護者に対する支援

　園には、子育ての支援に関する役割が求められている。本講
では、家庭との連携と保護者に対する子育ての支援との関係、保
護者が置かれている社会的な現状を把握したうえで、保育所等に
おける子育て支援の基本、園の特性を活かした支援、地域や関係
機関との連携について理解する。さらに、保育所等を利用する保
護者に対する支援と地域の子育て支援の実際について学ぶ。

Step 1

1. 家庭との連携の必要性

家庭との連携とは

　連携とは、同じ目的をもつ者が互いに連絡をとり、協力し合ってものごとを進めることをいう。よって、園における家庭との連携とは、子どもの健やかな成長を願うことを主な目的として、互いに子どもに関する情報を共有しながら、保護者と園がともに子どもを育てていく日々の営みといえる。

　保育所保育指針においては、「家庭との緊密な連携」が、養護および教育を一体的に行っていくことの前提として位置づけられている。保育所保育指針解説においても、日々の健康状態の把握、食事や補食の提供、長時間保育の実施、疾病予防等、さまざまな場面で家庭との連携が必要とされている。子どもの生活の様子や育ちの姿を、園と家庭が相互に伝え合い、家庭生活と園生活が連続した一日となるよう共通理解を図るとともに、子どもの思いや保護者の状況を理解し、子どもの育ちをともに見つめ喜び合うことが求められている。

家庭との連携の必要性

　近年、少子化や核家族化、地域社会の変化などの影響から、家庭のみで乳幼児の発達を十分に保障することが難しい状況となっている。共働きやひとり親家庭の増加などにより、低年齢児から保育を必要とする家庭も増加している。こうしたことから園と家庭は「車の両輪」のように、それぞれの立場から子どもの生活を見通し、ともに子どものよりよい発達を考え、子どもの育ちを支えていくことが求められる。特に乳児や低年齢児、発達に課題のある子どもの保育にあたっては、家庭での生活が園における子どもの姿に大きく反映するため、保育者は、保護者と互いに生活状況を伝え合いながら、子どもを適切に理解するよう努めなければならない。

家庭との連携と子育て支援

　また、現代社会においては、乳幼児など子どもとかかわる経験がとぼしいまま親になる保護者も多く、発達の特性や子ども特有のものの見方、考え方などの理解が難しい保護者の姿もうかがえる。そのような場合は、保護者の子どもを見る目や保育を見る目がさらに広がり深まっていくように、日々の自然なやり取りのなかで、育児に関する知識・技術を伝えたり、子どもの育ちにとって大切な視点を伝えたりすることも必要となる。このように家庭との連携のなかには保護者に対する子育て

2. 保護者への支援の必要性

就労と子育ての両立の難しさ

わが国ではこれまで、「夫は外で働き、妻は家庭を守るべき」という性別役割分業意識が根強い社会であるとされてきた。近年の調査では、そうした考え方に異を唱える者の割合が増加し、徐々に性別役割分業意識はやわらいでいるようにみえる。また、第一子出産前後に女性が就業を継続する割合をみると、これまで4割前後であった継続就労が、約5割へと上昇していることが確認され、育児休業を取得して就業継続する女性の割合も大きく上昇していることが報告されている（**図表6-1**）。

しかし、男性の場合は子どもの誕生や育児によって就労状況が左右されないこと

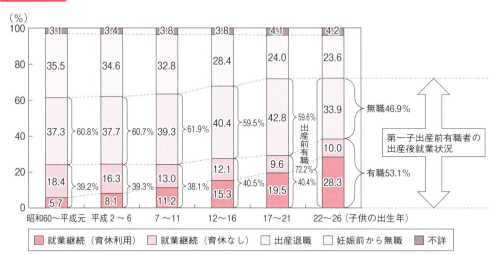

図表6-1 子供の出生年別第一子出産前後の妻の就業経歴

〈備考〉 1. 国立社会保障・人口問題研究所「第15回出生動向基本調査（夫婦調査）」より作成。
2. 第一子が1歳以上15歳未満の初婚どうしの夫婦について集計。
3. 出産前後の就業経歴
　就業継続（育休利用）　－妊娠判明時就業～育児休業取得～子供1歳時就業
　就業継続（育休なし）　－妊娠判明時就業～育児休業取得なし～子供1歳時就業
　出産退職　　　　　　　－妊娠判明時就業～子供1歳時無職
　妊娠前から無職　　　　－妊娠判明時無職～子供1歳時無職

資料：内閣府男女共同参画局（2017）『男女共同参画白書（概要版）平成29年版』

を考えると、出産後も継続就労が可能となる女性は約半数という調査結果は、それほど楽観視できるものではない。また制度がある程度整備されつつあり、継続就労が「がんばれば可能」となる現状は、「仕事を辞める／辞めない」という選択の間で葛藤を強める女性（母親）が多いことを意味している。

　保育所等は、就労などを事由として保育の必要性が認定された乳幼児を保育するところであるが、入所するまでの過程や入所後の日々の生活において、自分自身の生き方や周囲のサポートに悩んでいたり、疑問をもったりしている保護者も少なくないことを認識しておく必要がある。

　近年、家事や育児をする男性の増加が注目されているが、子どもの病気によって仕事を休んだり、急な発熱等で仕事を早退したりするのはまだまだ母親に多く、性別役割分業意識が是正されつつあるといっても、現実には家事や育児の役割が母親に偏る傾向にある。

　政府は、男女共同参画社会構築のためにさまざまな施策を講じているが、就労と子育てを両立する母親の負担は依然大きく、身近な地域におけるサポートが求められることとなる。

乳幼児を知らないまま親になる現状

　従来から、自分の子どもが生まれるまでに、他の小さい子どもを抱いたり遊ばせたりする経験や、食べさせたりおむつを替えたりした経験がとぼしいまま親になる者の割合が増加していることが指摘されてきた。近年においてもその傾向は顕著であり、乳幼児や子育てにかかわらないまま親になる者は多い。こうした乳幼児との接触経験のとぼしさは、保護者の育児不安と関連することが指摘されている。

　一方で、子育ての心配がその都度解決する場合には、深刻な育児不安につながりにくいことも報告されている。子どもの養育に関する不安や疑問が大きくならないうちに、気軽にたずねたり相談できたりする身近な支え手が、子育て家庭にとっては非常に重要な存在であるといえる。

保護者の育児不安の増大

　保育所等では、保護者の育児不安等に対して、個別の支援を行うことが求められている。育児不安とは、「養育者が子どもの現状と将来に漠然とした恐れを抱いていたり、自分の子育て行為に自信が持てず不安感情を抱くこと」（大豆生田，2015）とされ、深刻な場合はノイローゼや虐待につながることもある。子育てについては、父親よりも母親の方が、不安や負担を感じることが多い。夫婦関係や母親の家

庭外の人間関係が良好でないとき、また母親自身が社会とのつながりにとぼしいときなどに、母親は育児不安を強める傾向がある。子どもや子育てについての知識がないために、適切なかかわり方がわからなかったり、身近に相談や助言を求める相手がいなかったりして、子育ての悩みや不安を増大させる保護者もいる。

多様な背景をもつ家庭の増加

近年、外国籍の家庭や外国にルーツをもつ家庭、ひとり親家庭、貧困家庭等、特別な配慮を必要とする家庭も増加している。そのような家庭においては、日本語によるコミュニケーションがとりにくい、文化や慣習が異なる、家庭での育児を他に頼ることが難しい、生活が困窮しているなど、問題も複雑、多様化している。その他にも、多胎児、低出生体重児、慢性疾患のある子どもの場合、保護者の不安や負担、困難感が大きいことも予想される。

保育所等はさまざまな背景をもつ家庭の子どもが入所し、ともに生活するところである。子どもの健やかな育ちを実現するためにも、家庭や地域の実態をふまえ、それぞれの多様性を尊重しながら、家庭や地域が有する子育てを自ら実践する力の向上に資するよう努めていく必要がある。

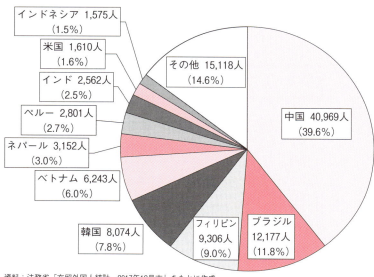

図表6-2　在留外国人（0-5歳）の構成比（平成29年末）

資料：法務省「在留外国人統計　2017年12月末」をもとに作成。

Step2

1. 保育所等における子育て支援

　児童福祉法第18条の4において、「保育士とは、児童の保育及び児童の保護者に対する保育に関する指導を行うことを業とする者」と規定されている。保育所保育指針解説にもあるように、子どもの保護者に対する保育に関する指導とは、「保護者が支援を求めている子育ての問題や課題に対して、保護者の気持ちを受け止めつつ行われる、子育てに関する相談、助言、行動見本の提示その他の援助業務の総体」を指すものである。保育所における子育て支援については、保育所保育指針第4章で詳細に示されている。それは、保育の専門的知識・技術を基盤として、子どもの育ちを家庭と連携して支援していくとともに、各家庭において安定した親子関係が築かれ、保護者の養育力の向上につながることを目指して行われる。

　就学前の子どもに関する教育、保育等の総合的な提供の推進に関する法律においては、認定こども園には、子どもの教育・保育を行うとともに、保護者に対する子育ての支援を行うことが求められている（第2条第7項、第3条第2項）。幼保連携型認定こども園教育・保育要領第4章では、保育所保育指針と同様、子育て支援について詳細に示されており、その役割が期待されている。

　また幼稚園においても、子育ての支援のために保護者や地域の人々に機能や施設を開放するなどして、幼児期の教育に関する相談、情報提供、保護者同士の交流の機会の提供などが求められている。このように、保育所等は子育て家庭にとって身近な存在であるがゆえ、子育て支援の機能と役割が求められている。

2. 子育て支援の基本

子どもの最善の利益を考慮し、子どもの福祉を重視する

　保育所には、その役割として、子どもの最善の利益を考慮し、その福祉を積極的に増進することが求められている。保育所において子育て支援を行う際には、子どもの利益と保護者の利益がいつも一致するものではないことを念頭におき、保護者を支援することによる子どもの利益への影響、その相互作用やプロセスの変容などについて、長期的な視点も含め考慮することが必要となる。

保護者とともに、子どもの成長の喜びを共有する

　子どもの目覚ましい成長は、保護者に子育ての喜びを感じさせる。保育者が、子

どもの姿や成長を喜ぶ気持ちを保護者と共有することで、保護者は、子どもへの愛情を深め、子育ての自信や意欲をふくらませていく。保育者の姿勢として、保護者の子育てについて理解しようとし、保護者の気持ちに共感することが求められる。

保護者一人ひとりの背景や状況を理解する

保護者も、子どもと同じように一人ひとり個性をもった存在であり、親役割だけでなく、家庭、地域、職場、親戚などとのつながりや関係性のなかで多様な役割を担っている。同じ子育て家庭といっても、それぞれの背景や状況、ニーズは異なる。よって、「この人はこういう人だ」「この事例は、○○のケースだ」などと目の前の事例を決めつけることなく、保護者や親子のさまざまな関係性や状況を把握し、理解しようとすることが必要となる。

保護者を受容し、自己決定を尊重する

保育所における子育て支援の場面では、一人ひとりの保護者を尊重し、ありのままを受け止める受容的態度が求められる。その際、保護者の不適切な要求や行動を無条件に許容するのではなく、そのような行動も保護者を理解する手掛かりにしていく姿勢が必要となる。保護者の価値観を一方的に非難したり、保育者の価値観を押し付けたりするよりも、「その人の価値観」として認めていくことが求められる。ときに保育者は、援助の過程において否定的な感情や態度をぶつけられることもあるが、その感情を落ち着いて受け止め、なぜそのような感情が生まれたのか、保護者のおかれた状況や心情の理解に努めていくことが必要となる。

支援の過程では、保護者の自己決定を尊重することも忘れてはならない。今後の方針やサービス利用などを決定する際には、保護者自らが選択し、決定できるように支援していくことが求められる。保護者のもつ力を信じながら、決定までの過程で生じる葛藤や不安を受け止めつつ、必要に応じて情報提供するなど、保護者とともに歩む姿勢が重要となる。このように保護者を受容し、自己決定を尊重するプロセスを通して、次第に保護者との間に信頼関係が構築されていく。

プライバシーの保護および秘密保持

保育者は、職務上、子どもや保護者のプライバシーを知る立場にある。これらプライバシーや知り得た事柄の秘密保持は、対人援助の専門職として欠かせない原則である。ただし児童虐待など秘密保持が子どもの福祉を侵害する場合には、必要な対応のために関係機関への通告や協議が認められている。

3. 保育所等の特性を活かした支援

地域における最も身近な子育ての社会資源

　保育所等は、それぞれに法的根拠に基づいた信頼性の高い施設である。日々、乳幼児とその保護者が通うところでもあることから、子育て家庭にとって非常に身近な社会資源でもある。また入所（園）児の保護者については、送迎時など毎日のコミュニケーションから「顔の見えるつながり」が前提となる。保護者にとっては、日常の小さな出来事や子どもの成長などを共有してもらえる子育てのよりどころにもなりうる。保育者からすれば、子どもや保護者の変化に気づきやすく、支援を必要とする家庭には継続的な支援や観察、見守りも可能となる。

常に「子どもの存在がそこにある」こと

　先述のように、保護者のなかには乳幼児を知らないまま親になる者も多く、わが子の育ちに不安やとまどいをかかえるものも少なくない。保育所等は、乳児から就学前までの子どもを保育するところであり、常に「子どもの存在がそこにある」ところである。行事や保育参加、地域開放などの場で、多様な発達過程にある子どもの姿を見たり、他の子どもとふれ合ったりすることは、自分の子どもの育ちを客観的にとらえ、発達に見通しをもつことにもつながる。子どもを深く理解する視点や子どもの主体性を尊重する保育のあり方にふれることも、家庭でのしつけや子どもへのかかわりを振り返る機会となり、保護者にとっては大きな支援となりうる。

専門性を有する職員の配置と組織的対応

　保育所等には、保育者、看護師または養護教諭、栄養士等の専門性を有する職員が配置されている。保育者による家庭での養育相談や、看護師による保健指導、栄養士や調理員などによる食生活への助言など、それぞれの領域での支援が見込まれる。また、園では「組織」のなかで教育・保育を行っているため、保育者一人では対応が困難な事例であっても、組織として、チームとして、多面的、有機的に問題に対応していくことが可能となる。必要に応じて計画や記録を作成し、改善に向けた振り返りを行いながら、それぞれの立場や役割から保護者に対する子育て支援を行っていくことが望まれる。

敷居の低い生活場面での相談

　子育てにかかわる相談ごとは、保護者からすれば漠然とした疑問や不安が多く、育児相談の窓口に足を運ぶほどではないと感じていたり、相談窓口は敷居が高いと感じられたりすることが多い。問題を放置し状況が深刻化してからでは、対応に時間がかかり支援が難しくなることもある。送迎時や子育て支援場面での保育者との会話は、相談に対する敷居を低くし、保護者に「ちょっと聞いてみようかな」という気持ちを抱かせることが多い。保護者から語られる漠然とした不安に深刻な問題が含まれることもあることから、敷居の低い生活場面での相談は、問題に対する予防的な支援であるともいえ、保育所等における子育て支援の「強み」であるといえる。

4. 地域や関係機関との連携の必要性

　それぞれの子育て家庭に必要な子育て情報を、保護者が適宜把握することは難しい。地域における子育て支援に関する情報を把握し、状況に応じて保護者に紹介したり、提供したりすることも保育者には求められる。

　また、子どもや子育てに対する相談ニーズが拡大するなか、保育所等に求められる役割も増大している。しかし、保育所等が保護者のかかえるすべての課題に対応できるわけではない。保育所等の役割や専門性を認識し、日頃から関係機関および関係者の役割や機能についての理解を深めておく必要がある。そのうえで、さまざまな社会資源との連携や協働を意識し、保護者に対する子育て支援を効果的に行うよう努める必要がある。特に、保護者に不適切な養育が疑われるなど、保育所等による対応では不十分であったり、限界があると判断されたりする場合には、市町村や関係機関との連携や要保護児童対策地域協議会での検討など適切な対応を図ることが求められている（**参考資料6参照**）。虐待が疑われる場合には、市町村または児童相談所への通告とともに、これらをはじめとする関係機関との連携、協働が必要となる。

Step3

1. 保育所を利用している保護者に対する子育て支援

日々のコミュニケーションと相互理解

　子育て支援を行うにあたっては、保護者とのコミュニケーションは欠かせないものである。保育所等における保護者とのコミュニケーションは、送迎時の対話、連絡帳、園内の掲示などで保育の内容や子どもの様子を伝えることからはじまる。そこから語られる保護者の考え方や気持ちを受け止め、理解し、子育てをともに喜ぶ姿勢が、保育者には求められていく。子どもの姿に関する小さな報告をする場合であっても、子どもの育ちを肯定的にとらえ、保護者の自信や意欲を高めるよう工夫して伝えていくことが必要となる。特に、発達過程特有の行動の意味をさりげなく解説したり、子どもの気持ちや日々の成長の姿などを伝えたりすることは、保護者の子ども理解を深め、養育力の向上に寄与するものとなる。

保育活動への参加の促進

　保育所等には、保育参加や運動会等、さまざまな行事がある。保護者が子どもとの活動の中に身をおくことは、遊びの楽しさやその中での豊かな学びを思い出したり、子どもの心情や言動の意味を理解したりすることにつながる。また保育者のかかわりを観察することで、親としての役割や接し方をとらえ直すこともあろう。このように保護者による保育活動への積極的な参加は、保育に関する理解を深めるとともに、保護者の子育てを自ら実践する力の向上にもつながる。また保護者懇談会や個人面談、家庭訪問などでは、保育の意図や内容、子どもの様子、発達や生活の見通しなどを保護者に伝えるとともに、保護者の思いや悩みなどを聞き取る機会となるよう工夫することが大切である。ただし、保護者の多様な就労形態等に留意し、活動の時間や日程に幅をもたせるなどの配慮も必要となる。

個別支援の必要性

　保護者に育児不安がみられる場合や、子どもに障害や発達上の課題がみられる場合、外国籍など特別な配慮を必要とする家庭の場合には、状況に応じて個別の支援を行うことが望まれる。こうした背景をもつ保護者は、悩みを他者に伝えることが難しく、問題をかかえ込むことも多い。保育者は、ていねいなかかわりの中で家庭の状況や問題を把握し、子どもの発達や行動の特徴などを相互に伝え合い、理解を深めることが求められる。さらに保護者の意向や思いを理解した上で、必要に応

じて市町村や関係機関との連携を図るなど、個別の支援を行う必要がある。

2. 地域の子育て家庭に対する子育て支援

地域における子育て支援の役割

保育所保育指針第4章には、「保育所は、児童福祉法第48条の4の規定に基づき、その行う保育に支障がない限りにおいて、地域の実情や当該保育所の体制等を踏まえ、地域の保護者等に対して、保育所保育の専門性を生かした子育て支援を積極的に行うよう努めること」と示されている。ちなみに児童福祉法第48条の4には、その行う保育に支障がない限りにおいて、情報提供と相談及び助言を行うよう努めなければならないとされている。

また、幼保連携型認定こども園教育・保育要領において地域の子育て家庭の保護者への支援は、「当該幼保連携型認定こども園がもつ地域性や専門性などを十分に考慮して当該地域において必要と認められるものを適切に実施すること」と示されており、その園が所在する地域性や園自体がもっている特徴、特に保育教諭の保育の専門性や養護教諭、栄養教諭などの専門領域の一体性を考慮して子育て支援を行うことが求められている。

気軽に訪れ、相談できる、地域に開かれた場として

地域における子育て支援として、子育て情報の提供や育児相談をはじめ、園庭開放、親子遊び、育児講座や体験活動など多様な活動が考えられるが、保育所等の特色や地域のニーズに合わせた取り組みを展開することが望まれる。これらの取り組みは、保護者が安心して利用できる環境のもと、参加しやすい雰囲気づくりに配慮することが大切である。気軽に訪れ、相談することができる場所が身近にあることは、地域の子育て家庭にとって、子育ての安心感につながり、育児不安をやわらげ、虐待の予防に寄与するものとなる。地域における子育て支援の意義や、はじめて来所する親子が気がねなく参加できる環境や雰囲気の大切さを、職員全体で共有することも必要となる。さらに、現在、子育て支援の場に参加していない親子が積極的に参加できるような、新たな活動の創出も期待される。父親や若い親、外国籍などの親子が自然に参加できる工夫も求められよう。

地域の実情に応じた取り組みは、地域特有の子育て課題に直面し、多様な背景をもつ保護者への理解と支援を積み重ねることでもある。このことは保育者の子育て

支援に関する専門的な力量を高めるとともに、地域のニーズを見きわめ、より地域の実情に即した支援の展開を可能にしていく。多様な機関と連携しながら、地域に開かれた存在として位置づいていくことが、園には求められている。

参考文献

● 岡田正章・森上史朗監『園と家庭・地域との連携』第一法規，1978.

● 北野幸子「家庭との連携に関する保育者の専門性に関する検討」『保育学研究』第55巻第3号，pp.9-20，2017.

● 原田正文『子育ての変貌と次世代育成支援』名古屋大学出版会，2006.

● 中谷奈津子「未婚男女における結婚意欲の関連要因」『日本家政学会誌』第69巻第2号，pp.105-114，2018.

● 久保桂子「保育園児を持つ母親の仕事と子育ての葛藤」『千葉大学教育学部研究紀要』第63巻，pp.279-286，2015.

● 大豆生田啓友「育児不安」森上史朗・柏女霊峰編『保育用語辞典第8版』ミネルヴァ書房，pp.356-357，2015.

● 鶴宏史「保育者に求められる基本的姿勢」中谷奈津子・鶴宏史・関川芳孝編著『保育所・認定こども園における生活課題を抱える保護者への支援』大阪公立大学共同出版会，pp.26-28，2018.

COLUMN　保育園児をもつ母親の仕事と子育ての葛藤

子育てで雇用形態が変化

　子どもが病気になって仕事を休まざるを得ない状況のシワよせは、全て妻である私が被っています。常勤で働いていたのに、非常勤に落とされ、さらに勤務時間を減らされ、子どもを理由にイジメられている気にさえなってしまいます。

共働きでも全ての家事と育児を分担

　夫は毎日7:00すぎに出勤、24:00すぎの帰宅で家事、育児ができる状態ではありません。以前はよく（子育てについて要求）していましたが、諦めて言わずに自分で全ての家事、ほとんどの育児をしています。

母子家庭の子育て

　母子家庭で自分がすべての責任（をもつ）となると、パンクしそうになる。程良い周囲のサポートが必要不可欠と思いながらも遠慮していえない。子育てにやさしい仕事環境があればいいと思います。

派遣社員は二択

　派遣社員の女性は二人目を産めない。子どもをあきらめるか職場復帰をあきらめるかの二択である。…就職するには保育所確保が必須だが、保育所に入るには就職していることが必須である。子どもを持ちながら働きたくても、働けない女性が増える。

出典：久保桂子「保育園児を持つ母親の仕事と子育ての葛藤」『千葉大学教育学部研究紀要』第63巻，pp.279-286，2015.より一部抜粋。各見出しは筆者付加。

第7講

計画に基づく保育の実践と省察・評価

「環境を通して子どもの主体性を尊重する」という保育所保育指針、幼稚園教育要領の変わらぬ理念を達成するためには、PDCAサイクルにより、計画→実践→評価→改善を継続的に行う必要がある。経験を積んだベテラン保育者であっても、自身の保育を計画し、実践したことへの省察を行いよりよい保育を目指している。本講では、PDCAサイクルがなぜ必要なのかを理解し、保育における具体的なPDCAのあり方を学ぶことを目的とする。

Step1

1. 保育の計画

　子どもの主体性を尊重しながら環境を構成することが保育者には求められる。「子どもの主体性を尊重する」というと、保育者の介入があまりないようにとらえてしまう場合もあるかもしれない。しかし、子どもには、それぞれの発達過程があり、保育者は発達の見通しをもち、子どもが育とうとしている姿に合った環境を整える必要がある。ここでいう「環境」とはなんだろうか。保育所保育指針（以下、保育指針）には、下記のように明記してある。

> **保育所保育指針　第1章　総則　1　保育所保育に関する基本原則**
> 　保育の環境には、保育士等や子どもなどの人的環境、施設や遊具などの物的環境、更には自然や社会の事象などがある。保育所は、こうした人、物、場などの環境が相互に関連し合い、子どもの生活が豊かなものとなるよう、次の事項に留意しつつ、計画的に環境を構成し、工夫して保育しなければならない。

　2018（平成30）年3月に改定された保育指針には、改定前と変わらず、「環境を通して子どもの主体性を尊重する」という理念が強調されている。「保育の環境」とは、保育者や子どもといった「人」が玩具や机、敷物、といった「物」によって構成された「場」に存在することである。それは、「やることがないから、ブロック遊びをする」「なんとなく塗り絵をする」といった消極的な意味ではなく、年長児であれば、「どこで、誰と、何を使いながら遊びたい！」という積極的な意味をもつ。

　0歳児であっても、「ここは○○するところ」という拠点、つまり「場」が敷物などによって明確な保育室環境では、保育者、つまり「人」が楽しそうに「ポト〜ン。ポト〜ン」とポットン落としをしていると、0歳児もその隣で落ち着いて微細運動を一定時間楽しむ姿が見られる。これは、ポットン落としができる敷物がある「場」で、保育者という「人」が、楽しそうに「ポット〜ン」とリズムを刻みながらポットン落としをしている姿に刺激を受け、0歳児も同じポットン落としの「物」を扱っており、「人」「物」「場」が相互に関連し合っていることがうかがえる。

　この0歳児の事例には、保育者の意図的な環境のしかけがある。それは、0歳児の発達過程をふまえ、見通しをもった人的・物的環境である。発達の目安としては、5か月以降になると物を握る、7か月以降になると一人で座ることができるという微細運動や粗大運動の発達を保育者が理解していなければ、そういった環境は準備できない。その微細運動を一層刺激するという見通しのもとに、握りやすい玩

具の大きさ、形、色、触り心地、音を工夫し、楽しげにその玩具を扱う保育者という存在があることは、全て子どもの心身の安定と発達を保障するためである。

つまり、先に掲載した保育指針「第1章　総則」「1　保育所保育に関する基本原則」にあるように、「人、物、場が相互に関連し合い、子どもの生活が豊かなものとなるよう」「計画的に環境を構成し、工夫して保育」することにつながるのである。こうした保育者の子どもに対する願いや思いを環境に反映しようと考えた場合、保育実践中に行き当たりばったりでできるものではない。そのために、保育の計画がある。

保育の計画においては、入園から卒園までの全体にわたる「全体的な計画」を基に、子どもの発達過程をふまえて、養護と教育の一体となった保育の内容が組織的・計画的に構成される。その全体的な計画を具体化したものが、指導計画（長期・短期）であり、保育指針には下記のように、3歳未満児、3歳以上児の指導計画について明記してある。

3歳未満児の指導計画

心身の発育・発達が顕著な時期であり、個人差も大きいため、月ごとの個別的な指導計画を作成する必要がある。また、複数担任で保育をすることがほとんどであり、保育士間の連携、保育士と看護師、栄養士、調理員等との協力体制が必須となるため、その内容にもふれたい。

3歳以上児の指導計画

集団生活での計画が中心になるが、一人ひとりの子どもの情緒が安定し、自ら「人・物・場」にかかわろうとする子ども同士が刺激を受け合い、集団を形成していく、という意識が重要である。また、保育指針で示された「幼児期の終わりまでに育って欲しい姿」がさまざまな環境を通して総合的に育まれていくことを念頭におき、指導計画を作成したい。

2. 保育の実践と省察——PDCAサイクル

保育の実践は、集団の子どもを対象に、安全と発達保障を同時にしなくてはならない。けがや事故のないよう全体把握をしつつ、子どもが主体的に環境にかかわることができるよう援助することは容易ではない。どれだけベテランの保育者であっても、日々、迷いとまどうことがある。だからこそ、保育実践や環境構成に対する

計画を作成し、実践し、振り返る＝省察することを繰り返す必要がある。これをPDCAサイクルという。PDCAサイクルとは、計画（Plan）－実践（Do）－評価（Check）－改善（Action）を指す。このPDCAサイクルは、担任個人が自身の実践を振り返るにとどまらず、園全体の保育の目標とすり合わせながら、他の保育者の新たな保育の見方、考え方を含めて得られるようにすることで、園全体の継続的な保育の質の向上につながるのである。

　ここで、PDCAサイクルについて、具体的に考えてみよう。

事例　A保育園　11月　1歳児クラス15名　保育者3名
園の保育方針：子どもの興味・体験・感動・気づきを大切にする保育
11月のねらい：身近な物を使い、見立てて遊ぶことを楽しむ
　自発的選択活動時、保育室には、車コーナー、机上遊びコーナー、ままごとコーナーがあり、3名の保育者はそれぞれのコーナーに入っている。机上遊びコーナーには、B保育者がおり、シールを子どもに渡したり、シールのごみを回収したりなどしている。シールはさまざまな形、色があり、好きなものを選んで空き箱にシールを貼り車を作る子や、ひも通しをしている子などがいる。車コーナーにはC保育者がおり、「あ～〇〇ちゃん、かっこいい車になったね」など、声をかけながらかかわっている。机上遊びコーナーで、自身で作った車を手に子ども達が「ぶーん」といいながら車を走らせている。ままごとコーナーでは、D保育者が子どもと同じようにバンダナをつけ、フライパンでおたまを使ってごちそうをいためている。ごちそうは、チェーンリングやペットボトルのキャップを3つつなげてカラービニールテープで巻いたもの。子ども達は、保育者の隣で、同じようにごちそうをいためる子、ごちそうを包丁で切る子、ボールでごちそうを混ぜる子などがいる。

PDCA サイクルに基づく考察

この事例を A 保育園の保育方針ならびに11月のねらいと照合したい。

車コーナーで使う車を、空き箱によって机上遊びコーナーで製作できるようにしている。また、見立てて遊ぶことが楽しくなるよう空き箱にさまざまな形、色のシールを貼ってデコレーションし、世界に1つだけの自分の車になるよう工夫している。このことから、1歳児がシールをめくって貼ることはできるという微細運動の発達をおさえており、その発達を刺激しようと考えていることがうかがえる。

同様に、ままごとコーナーにおいても、子どもが料理をしたくなるような、フライパンやまな板、ダンボール製の包丁などがあり、それを調理する物として、ペットボトルキャップを3つつなげてカラービニールテープで巻いたものやチェーンリング等がある。これらの物は、A 保育園の保育方針である、子どもが興味・関心が持てるような物的環境となっている。

しかし、「人・物・場」で考えたとき、「人」の援助がより豊かになる余地はある。それは、机上遊びや車コーナーでの保育者のかかわり方である。B 保育者、C 保育者とも、言葉をかけたり、ごみの始末をしたりするなど、共同作業者としての役割が弱い。子ども達が同じ場で同じ物を楽しげに扱う「遊びの仲間」と感じるような援助、遊びのモデル性が発揮できれば、A 保育園の保育方針である子どもの興味・体験・感動・気づきを大切にする保育を達成するために、身近な物を使い、見立てて遊ぶことを楽しむことがより豊かにできるのではないかと考えられる。

以上のことから、この A 保育園11月1歳児クラスの保育を PDCA サイクルに当てはめていくと下記のようになる。

図表7-1　PDCA サイクルの具体例

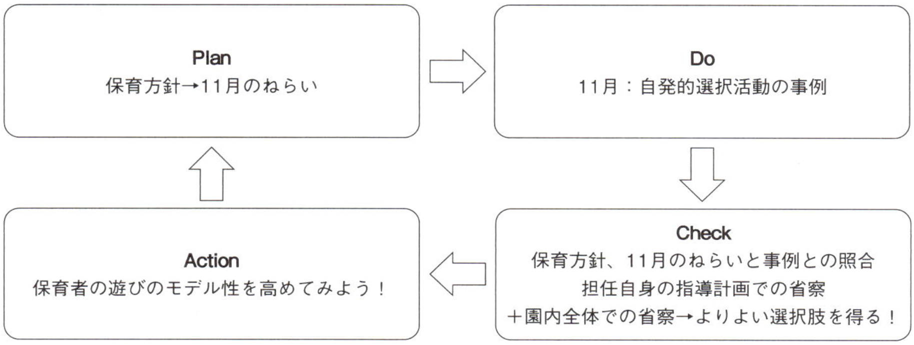

このように、保育の実践と省察は、環境を通して子どもの主体性をより尊重するためにはどうするとよいのかについて、繰り返し担任や園内の保育者によって検証され続けていくことによって、保育の質は向上するのである。

3. 保育内容等の評価

ここでは、前項で述べた PDCA サイクルの C（= Check）、つまり評価についてふれたい。

前項で示したように、保育は、計画を立て、実践し、その実践を振り返ることによってよりよい保育につなげていかねばならない。保育実践において保育者は子ども達の安全保障に気持ちを配りながら、個々の子どものこれまでの状況、発達過程をふまえ、瞬時にさまざまな判断をしなくてはならない。どんなに経験を積んだ保育者であっても、「本当に今のかかわりで良かったのか」「この言葉がけが最適だったのか」と迷うことは少なくない。ただし、保育者の援助について、そのつど、その場でていねいに振り返ることは困難である。なぜなら、保育実践はその間も進行しており、次々と重要な決断をする場面がおとずれるからである。したがって、自身が計画した保育実践に対する振り返り、つまり「評価」は実践後にさまざまな形で行わなくてはならない。

保育実践に対する評価には、大きく分けて3つある。それは、保育者の自己評価、園の自己評価、第三者評価である。

保育者の自己評価

自身が作成した指導計画や自身の保育記録により、子どもの育ちを保障する援助や環境であったかを振り返り、自己評価することで、保育の質の向上を目指し、保育実践の改善につなげていく。ただし、自身の保育を自分のみで評価していると、子どもの見方に偏りがあったり、改善の具体的な方策が見いだせなかったりするなどの可能性がある。そこで、園内の保育者同士で各自の保育実践への評価を共有し、学び合い、高め合うことが重要となる。

園の自己評価

保育実践を園内の保育者同士で評価し合うことは、園の保育方針に立ち戻り、「よりよい保育にしていこう」という保育者同士の学び合いの場となる。自分では気づけなかった子どもの新たな見方を得たり、自身の保育を具体的に他者に認めて

もらったり、他の保育者より具体的な援助方法を学んだりする機会となりうる。園の自己評価の方法はさまざまである。具体的な例をStep 3で紹介する。保育の評価は、各自と園全体のみではない。園外の第三者による評価も義務づけられている。

第三者評価

保育所における第三者評価は、2004（平成14）年より始まった。社会福祉法第78条において、良質かつ適切な福祉サービスを提供するよう努めなければならないと明記されており、評価基準ガイドラインに基づいて、第三者評価が実施されている。第三者評価によって、保育者同士の協働性だけでなく、保護者へ報告することにより、保護者との協働体制の構築が期待できる。保育者同士、保育者と保護者が園の評価を共有することで、「共に保育について考える」という姿勢がよりよい保育実践を追究するきっかけとなるだろう。

4. 園の取り組みや保育者の思いを保護者と共有するために

クラスだよりで保護者とつながる

先にも述べたように、園と保護者の協働体制は、最終的には子ども達の心身の健康、発達の保障につながっていく。日常的な連携としては、送迎時の保護者と保育者との会話や連絡帳などにより、応答的な保護者と保育者とのやりとりが期待できる。

また、月に一度程度発行されるクラスだよりも、子ども達の園でのようすや保育者の保育に対する思いを伝える機会となるだろう。関心を寄せてくれる保護者とは、そのクラスだよりをきっかけに保育者とのコミュニケーションが広がることもある。クラスだよりが保育者からの一方通行にならないように、毎回、保護者へのアンケートを任意で企画している保育者もいる。例えば、「先日、園でトマトを収穫して食べました！　今までトマトが苦手だったお子さんも、へたのあたりをクンクンし、〜葉っぱの匂いがする〜と興奮しながら喜んで食べていました。ご家庭でも食育に関するエピソードがあれば、担任まで教えてください」と、園のようすを伝えながら、家庭とのつながりを意識したアンケートをクラス便りに毎月掲載し、次号で集まった声を掲載するなど、園と家庭の協働体制のしかけは、いろいろなところにあるといえる。

Step2

1. 幼児の主体性と指導の計画性

　幼稚園教育要領には、幼児が主体的に環境にかかわることを通して、生きる力の基礎を育むことの重要性が明記されている。その幼児の主体性を保障する環境について、それぞれの教育課程に基づき、調和のとれた組織的、発展的な指導計画を作成しなくてはならないとされている。Step 1 でも述べたように、幼児が主体的にかかわりたくなる環境を意図的に整えていく必要があり、指導の計画性がそこに求められる。

　幼稚園教育要領にしたがって、「幼児の主体性と指導の計画性」について考えてみよう。幼稚園教育要領には、下記のような記載がある。

幼稚園教育要領　第 1 章　総則　第 4　指導計画の作成と幼児理解に基づいた評価　3　指導計画作成上の留意事項　(7)
　幼児の主体的な活動を促すためには、教師が多様な関わりをもつことが重要であることを踏まえ、教師は、理解者、共同作業者など様々な役割を果たし、幼児の発達に必要な豊かな体験が得られるよう、活動の場面に応じて、適切な指導を行うようにすること。

　教師の役割は、「理解者と共同作業者など」であると明記されている。幼児が行っている活動の理解者であると同時に、集団の育ちや課題を把握（はあく）することも求められる。このように幼児理解や集団理解をしながら同時に、共同作業者として共鳴する仲間、憧（あこが）れのモデルとしての人的環境の役割も果たさねばならない。「理解者と共同作業者」を同時に遂行（すいこう）することはとても難しい。それは、「かかわりながら見る」ことを常に意識し、実践しなくてはならないからだ。あたかも子ども達と同じ場で、同じ物を扱い楽しげに遊ぶ「共同作業者」をしながら、安全確保、活動の理解をするために視線を全体または部分に送る「理解者」であり続けなくてはならない。

　幼児の主体性を保障するためには、どのように環境を構成し、具体的な場面でどう「理解者と共同作業者」を両立させるのか、指導の計画性によってこの難しい援助の同時進行は可能性を高めるのである。

　指導の計画性を高めるために、指導計画作成上の基本的事項を次項で押さえていこう。

2. 指導計画作成上の基本的事項

　指導計画作成上の基本的事項について、幼稚園教育要領には 5 つの視点があげら

れている。これら5つは循環することによって、よりよい保育実践へとつながっていく。

発達の理解

それぞれの子どもがこれまでの生活、体験のなかでどのようなことに興味・関心をもってきたか、友達との関係はどのように変化してきたかなど、一人ひとりの発達の実情を把握することが重要である。

具体的なねらいや内容の設定

園生活における子どもの発達過程を見通して、子どもの生活の連続性などに考慮し、子どもの興味や関心、発達の実情に応じて設定しなくてはならない。ここでいう子どもの生活の連続性については、園での活動で完結するのではなく、園での体験が家庭での生活に還元されたり、また逆に、家庭での体験が園での活動に反映されたりするなど、子どもの生活全体としての連続性を指す。

環境の構成

具体的なねらいを達成するために適切なものとなるよう構成しなくてはならない。適切な環境とは、子どもが自らかかわりたくなるものであり、その環境を通して必要な体験が得られるように計画をするのである。ここでいう環境とは、場、空間、物、人、時間などを関連づけて構成されるものとなる。

活動の展開と保育者の援助

子どもの発想やそれにともなう環境の変化は、保育者の予想を超えたり、指導計画と大幅に異なったりする場合も少なくない。そういった場合、その子どもの発想や活動のおもしろみを尊重しつつ、そこで子ども達に経験させたい内容に立ち戻り、環境の再構成や援助の方向性を模索する必要がある。

評価を活かした指導計画の改善

子どもの発達の理解と保育者の指導の改善という両面から行う。ただし、担任個人での評価、振り返りには限界があるので、園の職員同士で多角的に評価していくことも重要である。その具体例については、Step 3 で紹介したい。

Step3

具体的な評価方法

　ここでは、担任個人でできる自身の実践に対する評価と園内でできる保育者同士の評価について具体的に紹介したい。保育現場では、さまざまな工夫を試み、保育の質の向上に努めている。

指導計画に対する評価

　自身が作成した指導計画に対して、ねらいや内容は子どもの発達に即したものであったか、ねらいを達成するための人的・物的環境は妥当であったかを日案、週案、月案で振り返り次の保育に活かす。

実践記録検討による評価

　園内研修の一環として、各クラスの保育者が課題と感じている場面やその園のその年の研究テーマに沿った場面に焦点化した実践記録を書き、その記録について園内で検討するものである。実践記録を作成している時点で、その担任保育者は、自身の保育を振り返り、「どうしてこのとき、この子はこのような言動をしたのだろうか」「自分の援助がこの遊びにどう影響したのか」「今後、こんな環境構成にしてみるとよいかもしれない」など、実践を整理し、分析をはじめている。その担任の実践記録と評価について、園内の保育者が共有することで、「このような考え方もある」という選択肢の幅を広げ、保育観のすり合わせにもなっていく。

研究保育による評価

　研究保育においても、担任保育者は通常保育のときよりもじっくりと自身の保育について見つめ直す機会となる。また、その保育を園内保育者が観察し、後の協議会で実際に観た保育実践について語り合うことで、単なる記録上の理解ではなく実際の保育場面をたたき台とした園内の保育者の学び合いの場となる。他者の保育実践を観察する場合、「こうすればよいのに」という否定的な見方になってしまうこともあるが、「自分がここのクラスの担任だったら」というまなざしで観察すると、いきなり自身にとっての「気になる場面」ではなく、全体状況を観て、担任のこだわりや思いに寄り添ったうえで、細部に焦点化していくことができる。

環境図による評価

　これまでも繰り返し述べてきたように、保育は環境を通して子どもの主体性を育

む場である。そうだとすると、全体状況を構成している保育室の環境や園庭の環境もその保育実践に大きく影響を与えていることが予想される。

そのことに注目したE園の「環境図による評価」を紹介したい。E園では、毎週、各担任保育者が計画している環境を示す環境図を職員室に掲示し、他の職員と共有している。こうすることによって、担任は自身の環境構成の全体像をしっかりイメージして保育に臨（のぞ）める。また、実践後の評価によって再構成した環境図もそこに書き込むことで、環境を構成するということへの自覚化が進む。各担任が取り組むその作業が職員室で全保育者と共有されることで、お互いの環境に対する価値が豊かになると考えられる。

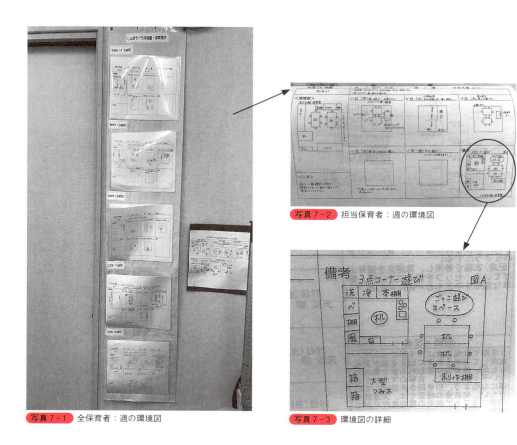

写真7-1　全保育者：週の環境図

写真7-2　担当保育者：週の環境図

写真7-3　環境図の詳細

第7講　計画に基づく保育の実践と省察・評価

参考文献

- 厚生労働省編『保育所保育指針解説　平成30年3月』フレーベル館，2018.
- 文部科学省『幼稚園教育要領解説　平成30年3月』フレーベル館，2018.
- ドナルド・ショーン，佐藤学・秋田喜代美訳『専門家の知恵――反省的実践家は行為しながら考える』ゆみる出版，2001.
- 田中孝彦『子ども理解――臨床教育学の試み』岩波書店，2009.
- 河邉貴子『遊びを中心とした保育――保育記録から読み解く「援助」と「展開」』萌文書林，2005.
- 小川博久『遊び保育論』萌文書林，2010.
- 渡辺桜『子どもも保育者も楽しくなる保育――保育者の「葛藤」の主体的な変容を目指して』萌文書林，2016.
- 渡辺桜編『保育者論――保育職の魅力発見！』みらい，2018.

COLUMN　ビデオ視聴による園全体の評価

　園全体の評価のなかには、保育をビデオ撮影し、その映像を視聴しながら保育実践を振り返るという方法もあります。これは、同じ場面をそこにいる保育者で共有できるだけでなく、気になる場面を繰り返し見ることができるので、客観的な分析を可能にします。

（渡辺　桜）

第 8 講

保育の質の向上

　本講では、保育の質を向上させる具体的な手立てについて理解を深める。日本の保育の特徴は多くが集団で行う保育であるため、人・物・場の相互関連は同時進行にかかわりあう。そういった保育の特性を押さえた上で、その質を向上させるための評価のあり方を、個と仲間の相互関係や個を見る視点、全体を把握する視点について具体的に学ぶ。

Step 1

1. 集団で行う保育について

　日本で展開されている保育の多くは、集団保育である。保育者は集団の安全を保障しながら同時に一人ひとりの子どもの発達や内面の理解に基づいた環境構成や援助を模索(もさく)しなくてはならない。この難しさを象徴することとして、下記の事例のような実習生のエピソードはよく耳にする内容である。

> **事例1　全体をよく見て**
>
> 　実習生のタロウくんは、初めての実習でとてもはりきっている。実際の保育に参加し、保育者の援助を学ぶだけでなく、子ども達とかかわることができることを心から楽しみにしていた。4歳児20名のクラスに配属されると、「タロウ先生！一緒に遊ぼう！！」と寄ってくる子ども達と精一杯遊んだ。そして、そのかかわりを実習記録にも記したが、担任保育者からは「自らタロウ先生に声をかけてくれる子ども達だけではなく、もっと全体をよく見ないと。子ども達は、安全に過ごしているか、どこでどのように遊んでいるのか。遊びが見つからない子もいるかもしれないよね。」とアドバイスをもらった。そこで初めてタロウくんは、思いきり子ども達と遊ぶだけではなく、全体にも気持ちと目を配ることの大切さと難しさを知った。

Step1

事例2　一人ひとりに寄り添って

　実習生のミキさんは、初めての実習でとても緊張している。大学の授業で、「保育は養護と教育の一体性が重要。どんなによい教育内容であっても、子どもがけがをする、ましてや命を落とすことがあってはならない」と学んだため、中学校時代の職場体験の時のように、ただ思いきり子ども達と遊んでいるだけではいけないと考えた。そこで、全体のようすを見ることに重きを置き、実習に臨んでいた。すると担任の先生から、「もっと子ども達の中に自ら入って一緒に遊んでごらん。子どもが何を思って遊んでいるのか、過ごしているのかが見えてくるかもしれないよ」と声をかけられた。ミキさんは、全体のようすを見ながらも、同時に子ども達と遊ぶ難しさを感じた。

　これらの事例を見てもわかるように、集団の子ども達を対象に、「安全を保障する」ことと「子どもの心身の発達を保障する」ことを保育実践において同時に遂行することは難しい。これは、実習生だからより明確に表面化するにすぎず、プロの保育者であってもこの悩みを抱いている。

　集団で行う保育ならではの難しさと向き合い、乗り越えながら、子どもの主体性を保障するためには、保育の原理・原則や理論に立ち戻ることが求められる。その具体的な内容について、次項でふれていく。

第8講　保育の質の向上

2. 保育の質を向上するということ

　保育所保育指針「第5章　職員の資質向上」には、質の高い保育を保証するために、保育者の専門性の向上に努めるよう明記されている。ここでいう保育の質の保証とは、養護と教育の一体性を保障しながら子どもの主体性を尊重することである。養護とは、生命の保持と情緒の安定である。そのことを基盤としたうえで、子どもが主体的に環境にかかわる教育を一体化していくことが0歳児から重要であると今回の保育所保育指針での改定で強調された。前項で明らかになった集団で行う保育のあり方と向き合いながら養護と教育の一体性を保障するためには、保育の環境が「人・物・場の相互関連」によって成立するものであるということ（保育所保育指針）と、保育者の役割が「共同作業者であり理解者」であるということ（幼稚園教育要領）を保育の原理・原則としてしっかりとおさえていかねばならない。
　では、ここで0歳児の発達をふまえながら保育の質を保証するということを具体的に事例から見ていこう。

事例3　0歳児4月：安全保障
　0歳児が誤飲に配慮したおもちゃをお座りしながら握ってなめている。保育室内に2つの拠点があり、敷物でそれが示してある。一つの拠点では5cm四方くらいの積み木を積む0歳児と隣で同じように積み木を積む保育者A。もう一つの拠点ではペットボトルマラカスを振って遊ぶ0歳児とその隣で同じようにマラカスを振る保育者B。保育者AもBも保育室の壁を背に座っているので、全体を見ながら遊んでいる。

Step 1

　0歳の場合、子ども3人につき保育者1人対応という比率になっているが、事例のように自身の意思で移動できるようになり、何でも口に入れてしまうという発達過程により、誤飲や転倒など常に目が離せない。そういった発達過程にある複数の子ども達が存在する保育室において、誤飲を避けるために玩具の大きさを考慮したり、そのクラスを担当する保育者全員で保育室全体が把握できる位置に座ったりする、死角ができない環境構成を工夫するなどの安全確保がまずは大前提となる。

> **事例4　0歳児7月：情緒の安定**
> 　保育者Bを囲んで0歳児5名がわらべうたや手遊びを楽しんでいる。保育者Cが子ども達の後ろで同じように手遊びを楽しむ。

　安全確保のうえで、情緒の安定が同様に重要である。これらは、養護の柱となる。安全が確保され、情緒が安定してはじめて子ども達は、自らの意思で「人・物・場」にかかわろうとするからである。7月の事例では、リズム共有による共鳴がこのクラスにおいて安定的になっていることがうかがえる。日々の積み重ね、繰り返しの中で、わらべうたや手遊び、歌などにより、リズムの共有が定着してくると、0歳であっても「ここにいると安心する」「ここにいると楽しい」「今日もここで楽しいことが始まる」と期待をもって生活できるようになる。その情緒の安定は、単に心穏やかに過ごすというだけでなく、「何か楽しいことがあるかもしれない」という知的好奇心を刺激し、0歳児であっても自身で歩行する頃には周りの状況を見て動こうとする姿が見られる。それは、物的・空間的環境としての安全確保

第8講　保育の質の向上

とは別に、子どもが自身で周りを見て考えて行動するという生きる力にも通じる重要な視点なのである。

　筆者がかかわる保育現場の先生方より、例えばリズム共有を遊びや生活の中で、細やかに取り入れていったところ、子ども達の情緒の安定が例年より早く、怪我やトラブルも少ないという話をよく耳にする。例に挙げた手遊びやわらべうたを子ども達全員を集めて実践しなくとも、移動の際にフリをつけて歌を口ずさんだり、片付けの際に「1、2～1、2～」「よ～いしょ、よ～いしょ」とゆっくりリズムを刻みながら物を片付けたりすることでもその効果は高まる。リズムの共有には、情緒の安定の要素が大半を占めるが、リズムに合わせて身体を動かす楽しさ、保育者や友達とリズムを共有する心地よさ等、教育的要素も当然含まれている。

> **事例5**　0歳児1月：主体的に環境にかかわる
> 　ポットン落としコーナーに敷物が敷いてある。0歳児自らハイハイをしてポットン落としコーナーに来て、ペットボトルキャップ3つをビニールテープで巻いた玩具を手に取ろうとしている。座ってポットン落としを楽しむ0歳児を保育者が見守っている。

　そして、1月の事例では、ほとんどの子どもが自身の意思で移動ができる状況のなか、安全が確保され、情緒が安定していると、自ら「人・物・場」を選ぼうとする姿が多くみられるようになっている。先の養護の条件が満たされた上で、わかりやすく魅力的な「人のモデル」「安全・衛生が保障された物」「拠点が明確な場」が相互にかかわりあいながら存在していることで、教育的要素が活きてくるのである。

3. 保育の評価

前項でふれたように、保育には全体を把握し、安全を確保しながら、個々の子どもの心身の発達を保障するという重要かつ難しい課題がある。その保育の質が保証されているのか、よりよい選択肢はなかったか、今後の保育展開はどうしていくべきかについては、**第7講**で述べたように評価（Check）する必要がある。幼児であれば、15〜30名を1〜2名の保育者が担当する場合、評価の視点はどのように設けるとよいのだろうか。

多くの保育現場で実践されている評価は、保育者が気になった場面や遊び、子どもに焦点化し、そのエピソードを記録し、振り返るものである。場面や対象が焦点化された記録を読み解いていると、子ども一人ひとりの内面理解や発達過程が把握できるように思える。しかし、**第7講**から繰り返し述べているように、保育の環境は、「人・物・場の相互関連」によって成立しているのだとすれば、保育者の関心により、切り取った場面のみに注目し、その場面のみの分析をすることが本当に妥当なのかは疑問が残る。

例えば、いつも走り回っている4歳男児3名について記録を取ったとする。走り回る3名に保育者がこのような言葉がけをしたら、こんな姿が見られるようになったという記録には、この3名の環境（人・物・場）との相互関連は見えてこない。しかし、走り回る理由は、まさにその保育室環境にある可能性が高いのである。どこになにがあるかがわかる場があり、そこに魅力的な物があり、その物を楽しげに扱う人がいる場合、子どもは自ら環境にかかわろうとする。他の子ども達がいきいきと環境にかかわり、自ら遊びを展開している場合、走り回るという行為はほとんど見られなくなる。

走り回る理由は、「魅力的な環境のとぼしさ」だとすると、環境の全体像、人・物・場のかかわり合いを押さえたうえで、なぜ子ども達が走るのかに着目していかねば、問題の根本的な解決には至らないのである。したがって、エピソード記録のみで、評価をするのではなく、全体状況がわかる環境図と人・物・場のかかわりがわかる記録と共に、エピソード記録を書いていくことが重要である。そのエピソード記録において焦点化された場面を生み出している人・物・場の相互関連に立ち戻っていくのである。つまり、個と全体の相互関係を通して、一人ひとりの姿の把握とともに、全体を俯瞰するといった繰り返しが求められる。具体的な記録については、**Step 2**で紹介しよう。

Step2

1. 幼児理解に基づいた評価の実施

　幼稚園教育要領解説には、幼児期にふさわしい教育を行う際に必要なことは、一人ひとりの幼児に対する理解を深めることであると明記してある。幼児の発達は、これまでの生活経験や興味・関心などによって異なることを押さえ、今、経験していること、今、必要な経験を見極め、援助に生かしていかねばならない。そして、評価においても、一人ひとりのよさや可能性を充分に理解したうえで行わなくてはならないのである。このことについて、事例を通して考えよう。

事例6　4歳児11月、子ども20名、保育者1名

全体状況
　それぞれのコーナーは保育室の壁面や隅に設定されているため、保育室の中央は空いており、コーナー同士に見ること、保育者が全体を把握することが可能となっている。

各コーナーのようす
　製作コーナー
　　女児6名がいる。5名は秋の自然物を使い、空き箱にボンドでどんぐりをつけて装飾し、宝箱を作っている。D子（女児）は、絵描きをしているが、その手は時々止まり、周りをキョロキョロ見渡したり、ケーキ屋さんごっこを見たりなどしている。
　ケーキ屋さんごっこコーナー
　　ケーキ屋さん4名はお店屋さんのシンボルとなる帽子をかぶり、エプロンを着けている。製作コーナーで作った空き箱製のケーキを並べる子、接客をしてケーキを箱に入れる子など役割分担がされている。お客さん3名はままごとコーナーから来た家族のよう。

個々のようす
　　製作コーナーのD子は、絵描きが本当にしたくてしているのだろうか、、、
　　ケーキ屋さんが気になるが自ら参加できないでいるのだろうか、、、

　このように、全体状況を把握した上で、遊びや活動の単位で注目し、その上で個に着目していくことで、個に着目することの妥当性と保育を構成している人・物・場の相互関連がみえてくる。
　ここでは、保育の評価の仕方、個と全体の相互関係についてふれた。次項では、その評価をより客観的に行うための記録のあり方についてみていこう。

2. 評価の妥当性を保障するために

第7講で示したように、評価の方法として、研究保育、エピソード記録、環境図、ビデオ映像検討などがあるが、ここでは、記録に焦点化したい。

前項でも述べたように、全体状況がわかるということが保育の人・物・場の相互関連を読み解き、幼児理解につなげていくうえでとても重要である。そのことを客観的に把握するために、環境図は必須なのである。全体状況がわかる情報と環境図の両者によって初めて評価の妥当性は保障されるといえる。

図表8-1 保育記録例

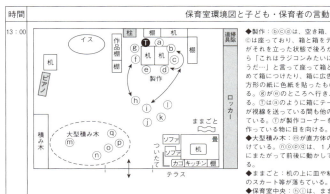

出典：小川博久監、吉田龍宏・渡辺桜編著『子どもも保育者も笑顔になる！ 遊び保育のための実践ワーク～保育の実践と園内研究の手がかり～』萌文書林, p.112, 2014. を一部抜粋。

Step3

1. 保育を評価する視点の１つとしての保育者の「葛藤」

保育は、乳幼児期の子どもを対象とし、個々の子どもの発達や内面の理解に努めながら、クラスや全体を把握しなければならない。それは、プールの監視員のように、子ども達のようすを遠くから眺めていればよいのではなく、共同作業者として子どもやその環境にかかわりながら理解者としての役割も果たさねばならない。これは先の実習生の例であげたように、「個への援助」と「全体把握」を同時に遂行しなくてはならない難しさといえる。渡辺（2006）は、その２つの課題を同時に達成しなくてはならないがゆえに生じる悩みを「葛藤」としている。

保育における保育者の「葛藤」は、小川（2010）の「遊び保育論」に依拠し、人・物・場の関係性に着目しているため、保育者の経験年数や感性といったところに保育者の力量を求めない。究極的に言えば、実習生であっても「葛藤」の質的変容は可能である。

ここで、「遊び保育論」の重要ポイントを例にあげてみる。

子どもが主体的に環境にかかわるために
・どこになにがあるかがわかる「拠点性」
・観察学習や安全を保障するための「見る－見られる」
・観察学習や模倣をうながす「モデル性」
・情緒の安定やクラスの一体感につながる「同調・応答」

保育者が「共同作業者」と「理解者」を同時に実践するために
・全体が把握できる保育者の位置取り
・同じ物を同じ場で扱う遊びの仲間としてのかかわり
　＝かかわりながら見る

この「遊び保育論」をベースに「葛藤」は、解決されるのではなく、質が変容していく。次項でその具体的な３段階についてみていく。

2.「葛藤」の質が変わっていくということ

☆何がよくないのかわからないけれど、保育がうまくいかない

　＝「葛藤」の無自覚的段階

　　→環境構成からのアプローチ

☆環境は整い、拠点性が明確になり、以前よりは子ども達がそれぞれの場に行く姿は見られるが遊びが続かない
　＝「葛藤」の表層的段階
　　→モデル性のあり方を模索

☆より子ども達が主体的に環境にかかわるための物・人・場のあり方の模索
　＝「葛藤」の可視的段階

参考文献

● 厚生労働省編『保育所保育指針解説　平成30年３月』フレーベル館，2018.

● 文部科学省『幼稚園教育要領解説　平成30年３月』フレーベル館，2018.

● 田中孝彦『子ども理解――臨床教育学の試み』岩波書店，2009.

● 河邉貴子『遊びを中心とした保育――保育記録から読み解く「援助」と「展開」』萌文書林，2005.

● 小川博久『遊び保育論』萌文書林，2010.

● 渡辺桜『子どもも保育者も楽しくなる保育――保育者の「葛藤」の主体的な変容を目指して』萌文書林，2016.

● 渡辺桜「保育における新任保育者の「葛藤」の内的変化と保育行為に関する研究――全体把握と個の援助の連関に着目した具体的方策の検討」『乳幼児教育学研究』第15巻，pp.35-44，2006.

● 小川博久監，吉田龍宏・渡辺桜編著『子どもも保育者も笑顔になる！　遊び保育のための実践ワーク～保育の実践と園内研究の手がかり～』萌文書林，2014.

● 渡辺桜編『保育者論――保育職の魅力発見！』みらい，2018.

● 岩田遵子『現代社会における「子ども文化」成立の可能性――ノリを媒介とするコミュニケーションを通して』風間書房，2007.

● 鯨岡峻・鯨岡和子『エピソード記述で保育を描く』ミネルヴァ書房，2009.

COLUMN　子どもも保育者も楽しくなる保育

　新任保育者は「子どもが大好き！」という熱い思いを抱き、保育者として勤務をスタートしたものの、「何が問題なのかはわからないけれど、なかなか子ども達が落ち着かない」と悩むことは少なくない。筆者が研修で出逢ってきた多くの新任保育者はそのような悩みを抱きつつも、環境を整え、どこで何をするかがわかる拠点を作り、コーナーの場を設定していくと、走り回る子が徐々に減り、子ども達が落ち着いて遊ぶ時間が増えていったという実践をたくさん見てきた。そうすると保育者は、子どものようすがとらえやすくなり、「次はこんな環境を用意すると子ども達の興味・関心に合っているかも！」「次はこんなかかわりをしてみよう！」とワクワクしながら保育に臨むようになる。

　これは、先にふれた保育者の「葛藤」が「無自覚的段階」から「可視的段階」への往復をスタートさせたといえる。「葛藤」の質的変容は子どもも保育者も楽しくなる保育に大きく関係しているのである。　　　　　（渡辺　桜）

第9講

保育における職員間の連携・協働

　保育現場における保育力は、園長をはじめ保育士等一人ひとりの職員の専門的知識および技術にかかっているといっても過言ではない。また、保育はチームプレイであり、職員の協働性や協力体制、職員間の連携が大変重要である。

　本講では Step1 に実際の保育現場での協働について、Step2 ではドキュメンテーションの取り組みと職員の協働について、Step3 では保育における協働の広がりとその可能性について学ぶ。

Step 1

1. 協働の第一歩は組織体制の構築

　保育所保育指針の「第5章　職員の資質向上」に規定されている通り、保育所においては、一人ひとりの保育士等の資質向上を図ることはもとより「保育所全体の保育の専門性向上を図る」ことが求められる。そして、そのためには「保育実践や保育の内容に関する職員の共通理解を図り、協働性を高めていくこと」が必要とされている。保育所がその責務を十分に果たすために、職員が互いに協働し、組織の一員として役割を果たすことが求められている。

　園の協働を考えるとき、保育の組織体制をどう構築すべきか、職員それぞれの役割や専門性を考慮しながらどのような組織を作っていくのかが大変重要である。

　多くの保育所においては園長・副園長・主任保育士・保育士・調理員・事務員等の職員で構成されており、園によっては栄養士や看護師が配置されている。日々の保育を円滑に進めるためには、園の指示系統を明らかにしながら、各職員への連絡・伝達が確実になされるよう徹底した連絡体制をとることが大切である。

　次の例は、施設の規模等によって異なる点もあるが、園の指示系統（連絡網）の一例として考えてほしい。

例1	園全体	園長（副園長）→主任→3歳以上児主任・未満児主任→各保育士・調理員等・事務員等
例2	保育内容	園長（副園長）→主任→3歳以上児主任・未満児主任→各保育士等
例3	給食	園長（副園長）→主任→調理責任者・3歳以上児主任・未満児主任→調理員等
例4	事務等	園長（副園長）→主任→事務責任者・3歳以上児主任・未満児主任→事務員等

　それぞれの業務が有機的に行われるよう、子どもの育ちを真ん中にして協力していくことが必要である。つまりは保育内容や子どもの情報の共有化が重要であり、協働には報告・連絡・相談（ホウレンソウ）＋確認が不可欠である。

　また、園に看護師・栄養士が配置されている場合には、職種の専門性を活かして健康および安全にかかわる取り組みを積極的に行い、保育士等と連携を図っていくことが望まれる。これらの活用は園の組織性といった観点からも大きな意義がある。

2. 保育における職員間の連携

　保育現場では、複数の職員が協力して保育を行っているが、特に、職員の勤務体制により、担当が替わる場合には職員間で引き継ぎをしっかりと行うことが必要である。記録および口頭で報告・連絡・相談（ホウレンソウ）を確実に行い、一人ひとりの子どもや保護者が不安を抱くことのないよう十分に配慮しなければならない。また、子どもの心身の状態やその変化について、よりきめ細かく観察し、職員間で伝え合い、適切に対応することが求められる。命を預かっているという自覚と緊張感をもって保育にあたりたいものである。

　以下では，保育における引き継ぎが必要な場面ごとに説明する。

早朝担当の保育士等から日中担当の保育士等への引き継ぎ

　子どもが登園した際に、早朝担当の保育士等は、保護者から子どもの健康状態や家庭での様子を聴き取るとともに、子どもの様子を観察する。その内容を早朝担当の保育士等は日中担当の保育士等（担任・担当）へ確実に伝達する。保護者が記載する連絡帳がある場合には、その内容を確認し、職員間で共有する。

日中担当の保育士等から夕方担当保育士等への引き継ぎ

　日中担当の保育士等（担任・担当）は、いわゆる遅番または長時間保育担当の保育士等へ保育の引き継ぎを行い、特に子どもの健康状態やその変化などは保護者に伝わるよう確実に伝達する必要がある。また、前日の子どもの様子が翌朝、担当する保育士等に伝わるように記録を残すことが大切である。

乳児保育における引き継ぎ

　抵抗力が弱く、感染症などの病気にかかりやすい乳児の保育においては、特に健康状態や体調の変化に留意しなければならない。きめ細かく観察するとともに保育士等間で情報を共有し、主任保育士にも伝える。また、看護師が配置されている場合には、その指示をあおぎながら適切に対応する。さらに、保護者に子育てへの不安や負担感等がある場合には、保育士等間で共通認識をもって対応し、問題や課題を保育士1人でかかえ込まないようにすることが大切である。

　子どもの担当が替わる場合には、子どもの成育歴や発達過程、保護者や家庭の様子を伝え合い、子どもへのはたらきかけや対応が急激に変わったりしないよう配慮しなければならない。このことは1、2歳児の保育はもちろん、3歳以上児の保育

においても重要である。

障害のある子どもの保育における引き継ぎ

障害のある子どもの保育に取り組む園が増えている。障害のある子どもの理解と援助にあたっては、担当保育士だけでなく、職員全体で共通理解を図りながら取り組むことが基本である。対応の仕方や個別配慮に関して職員間で確認しながら、保育者によって対応が異なったり、担当に任せっきりになったりすることのないよう留意しなければならない。日々の保育の引き継ぎはもちろん、年度替わりによる変化にも配慮することが必要である。このためにも職員全体で子どもの状態について話し合う場（保育カンファレンス）をもつことが求められる。

その他

保護者支援における連携や地域子育て支援における協力体制、さまざまな行事や地域との交流の場面においても職員間の連携・協力体制が必須である。園長や主任保育士のリーダーシップのもと、組織として円滑に進めていくことが望まれる。

3. 保育における情報提供と協働

保育現場においては、園の保育方針や保育目標等を明確にしながら、職員全体で共通認識をもって子どもの保育と保護者支援に取り組んでいかなければならない。このため、保育所保育指針で明らかにされているように、保育所は保育の目標を達成するために、各保育所の保育の方針や目標等に基づいた「全体的な計画」を作成すること、また、全体的な計画に基づき具体的な保育が適切に展開されるよう、長期的、短期的な「指導計画」を作成しなければならない。

全体的な計画に基づく年間指導計画、月間指導計画の作成により、全職員が子どもの発達過程とこれに応じた保育の内容を共有し、園の方針にそって保育する。このことが保育の基本である。全体的な計画により入園から卒園までの子どもの発達を見通しながら、園全体で子どもの育ちを支えていくことが重要であり、こうしたことを保護者にわかりやすく伝えることが近年では特に求められている。また、4月から翌年3月までの1年間の保育の流れや行事等についても保護者に伝え、協力をあおぎながらともに子どもを育てていくことが重要である。

保護者への保育の情報提供については、こうした保育の計画を明らかにすること以外にもさまざまな方法がある。次にあげる例は多くの園で行われていることであ

るが、このほかにも園のホームページなどを作成したり、SNS（ソーシャル・ネットワーキング・サービス）等を通して園の情報を瞬時に伝えているところもある。全職員がこうした情報提供の方法やその内容に関して熟知しておく必要があるだろう。

連絡帳等

　園での子どもの様子を記載し、家庭での子どもの様子を保護者に記載してもらう連絡帳は、園と家庭をつなげるツールとして重要である。園によっては3歳未満児のみに連絡帳を使い、3歳以上児には必要に応じて伝言したり、個別に話をしたりしているところもある。個別にやりとりをする連絡帳等のほか、多くの園ではお迎えに来られた保護者に読んでいただけるように、その日のクラスでの出来事や保育内容を掲示板などに記載している。この掲示板に子どもや保育の様子の写真を貼っている園もあり、保護者が視覚的に理解しやすいよう配慮している。

おたより等

　園では保護者に向けてさまざまな「おたより」を発行している。代表的なものとして園だより、クラスだより、給食だより、保健だより等がある。

　園だよりでは、園の取り組みや行事予定、保育の様子等を伝え、理解・協力を得る。クラスだよりでは、子どもの成長の様子を伝えながら計画に基づく保育の内容やその展開を伝え、保育への理解を得る。また、保育や行事等に必要なものを用意してもらう等の依頼も必要だろう。給食だよりでは献立を公表しながら、子どもの食事や食育の取り組みについて伝えていく。保健だよりでは、子どもの健康に関する情報や生活習慣、衛生習慣にかかわるアドバイスなどを記載する。また、感染症の流行や予防接種などについての情報を提供することも大切だろう。

　おたよりは、担当者の一存で作成するのではなく、園からの配布物として主任保育士、園長の確認や点検、添削が必要である。また、どのような内容の事柄をどのように伝えるかといった話し合いの場をもち、職員間で協働して取り組むことが大切である。この意味では、おたより等は職員が協働していく1つのツールであり、同僚性を育むうえでも重要である。

　保育の意図や子ども理解に関して職員間で共通認識をもち、子どもの人権に配慮して保護者に情報提供を進めていくことが保育の社会的責任を果たすことにつながる。記載においても、直接の会話においても保護者の意向をふまえながら、適切な言葉でわかりやすく伝えることが求められる。

4. 保護者、地域への説明責任と協働

　保育における協働はさまざまな場面で求められる。特に、園行事への取り組みは全職員で協力し、役割分担などを明確にしながら計画的に進めていかなければならない。また、「日常の節」としてとらえられる行事は、園の保育内容を説明する大切な機会の1つであり、行事への取り組みの過程を明示しながら、子どもや保育に対する保護者の理解をうながしていくことが大切だろう。子どもが示す興味や関心、取り組む意欲や工夫などのプロセスについてもていねいに保護者に伝え、単に結果だけでなくその過程についても保護者と共有することで、子どもの成長をともに喜び合いたいものである。また、行事への参加、協力を保護者に依頼し、ともに楽しんだり、保護者同士のつながりをうながしていくことも今日では特に大切だろう。

　以下では、こうした場面のいくつかを例にあげる。保育現場においては、保育の内容を適切に伝え、保護者や地域社会との連携を図ることが全職員の協働により進められなければならない。こうしたことが保育の説明責任を果たすことでもある。

運動会への取り組みにおける説明責任と協働

　園では運動会を計画する際、職員会議などで園としてのテーマや目標を定め、全職員で共通認識をもって取り組むことが求められる。全体的な計画や指導計画を確認しながら、0歳から5歳までの子どもの発達や興味や関心をふまえ、取り組む内容を決めていく。また、0歳から5歳までの運動機能などの発達の連続性や運動遊びなどの連続性を考慮し、園全体で取り組む保育の内容が保護者に伝わるよう留意することが大切である。このために、保育士等は自分が受けもつ子どもの様子や遊びの内容、子どもの意欲や集中力などをほかの保育士等に伝え、園全体の取り組みのなかで何をすることがよいのかを考えていく。全体のテーマと関連させながら、子どもの発達に応じた楽しい取り組みとなるよう、ほかの保育士の助言などを得て行うことが必要である。

　運動会までの保育の流れや子どもの様子を連絡帳やおたより、掲示などを通して伝えるとともに、運動会当日においてもアナウンスなどによって保護者にわかりやすく説明することが大切である。保護者が、わが子の成長を確認できるだけではなく、乳児から年長児まですべての子どもが保育士等の連携・協力体制のもとで支えられ、育てられていると実感できることも重要である。また、子どもの成長過程を見通すことができるよう保護者にはたらきかけることも重要であろう。

保育参加・参観における説明責任と協働

　園では、保護者の保育参加や保育参観を実施している。子どもの年齢や状況によって参加や参観の方法は異なるが、多くの園では、保護者が園の保育の一端に参加したり、保育士等と一緒に子どもと遊んだりする機会を設けている。また、保育士だけでなく、調理員や栄養士などもかかわり、保護者に園としての取り組みを伝えているケースもある。

　例えば、給食を保護者に提供し、献立や栄養について説明したり、子どもの食事の様子や食事の嗜好、偏食などについて伝える。子どもの食と栄養に関してアドバイスしたり、家庭での食事の工夫や食材・調理法について話し合う場面もあるだろう。子どもの食への興味や食べることへの意欲が育つように、園で育てた野菜を食べたり、栄養や食材について学び合う等、園で行っている食育の取り組みに関して保育士から説明することも大切である。主任保育士や園長が園全体の取り組みとして「食」は保育の創造にかかる大切な事柄であると伝えることは、保育の説明責任を果たすことにつながる。

地域への説明責任と協働

　また地域を対象にした公開保育及び保育参加・保育参観は保育所が地域に開かれた資源として役割を果たしていくうえで重要である。地域の子育て家庭が安心して心地よく過ごすことのできる場として、保育士等が地域の人たちに子どもの遊びや遊具・絵本などについて伝えたり、子育てのアドバイスをしたりすることは保育の情報提供および説明であり、子育て支援そのものである。また、子どもの生活や遊びにかかわる文化を伝え、その継承をうながすことにもつながる。保育現場に蓄積されている子育ての知恵や知識を提供したり、保護者の相談に応じていくことも大切である。

　園によっては和太鼓や盆踊り、地域に伝わるお祭りなどに地域の人たちと一緒に取り組んでいるところもある。地域社会とつながり、地域の人たちとともに楽しんだり、子どもと地域をつなげることも保育士等の大切な役割である。全職員で連携・協力しながら保育内容の説明責任を果たし、地域社会に貢献していくことが望まれる。このためにも職員の協働や園長のリーダーシップが求められる。

Step2

1. ドキュメンテーションと評価

　保育において保育者、保護者、地域の人々などが協働していくうえで、ドキュメンテーション（documentation）が有効なツールになるだろう。ドキュメンテーションとは子どもの活動の記録の1つである。子どもの姿を文字、写真、音声、動画など多様なメディアを用いてとらえるものであり、まとまった活動の過程を継続的に収集していくことに特徴がある。保育の1つひとつの場面は消え去って二度と同じことが起こらないが、記録として残すことで振り返りをより確かなものにすることができる。また、記録を共有することによって、職員の協働をうながすとともに、保護者や地域に対する保育の説明責任を果たすツールにもなりうる。そして、ドキュメンテーションを共有する過程での職員間の協働が保育の質を高めていくための大きな要素になると考えられる。

　ドキュメンテーションは、ニュージーランドにおけるテファリキやイタリアのレッジョ・エミリア・アプローチなどで用いられていることで注目されるようになってきた保育の過程を記録する方法であり、録音で子どもの声を拾ったり、写真や映像で子どもの姿をとらえたりしながら、それらをもとにカンファレンスを行い、計画的な環境構成によって、子どもの主体的で協同的な遊びをうながそうとするものである。したがってドキュメンテーションは指導計画を作成するうえでも重要な役割をもっている。

　また、ドキュメンテーションにより保育を振り返るとともに、園の自己評価につなげていくことが肝要である。保育を評価することは次の実践につながる。保育における評価については、自己評価や第三者評価のための基準やガイドラインを厚生労働省が示しており、その積極的な実施が求められている。

　最近ではカリキュラム・マネジメントの観点からも「PDCAサイクル」（plan：計画→ do：実践→ check：評価→ action：改善）が強調されるようになってきた。このPDCAサイクルは危機管理、安全対策ばかりではなく、保育のさまざまな場面において適用され、保育の充実・改善に結びつく。多忙な保育現場において保育の質を効率的に高めるために、PDCAサイクルは有効な方法と考えられているのである。

2. 評価とPDCAサイクル

　一方、保育をPDCAサイクルによって評価し改善していく方法について、工業

製品の品質管理のようなものとして扱われるのではないかという懸念もある。例えば秋田喜代美は「子どもを一定の物へと形作る営みを誰もが同じように行う質保障では、一人ひとりの子どもの人権を保障して育てる営みは保障できない」と述べている。イギリスのピーター・モス（Moss, P.）らによる『保育の質を超えて』[*1]では、保育における哲学的な議論が減り、経営管理など技術的な問題により大きな関心が払われていることに警鐘を鳴らし、PDCAサイクルを基軸とした単一の改革を志向する「市場モデル型改革」を超えて、子ども・保護者・保育者という市民参加と対話を通した自律的な集団での意思決定による「民主的実践モデル型改革」を提唱している。

　質保障という言葉は、フレデリック・テイラー（Taylor, F.）による、製品の品質管理を行う近代産業社会における科学的管理型経営システムの発想に由来する。しかし子どもの尊厳と多様性、状況に応じた判断のできる省察的実践者としての保育者の専門性にかんがみると、保育においては、PDCAサイクルを安易に用いるのではなく、保育の理念に基づいて、保育の質を組織的に高めるための「手段（方法）」として活用することが求められる。

　PDCAサイクルに依存することなく、専門家として活用するためには、保育者がPDCAサイクルの過程全体に自律的に参画し、保育者自らの経験知を活用し、それらを保育者間で交流させることを組み込んだサイクルとして園全体で取り組んでいくことが必要である。

　そのために、ドキュメンテーションという記録のあり方は有効であろう。ドキュメンテーションは子どもへの深い理解をうながし、それらを保育者間で共有することにより協働につなげることができる。さらに保護者や地域に提示していくことで、保育における協働の範囲が広がる。モスらがいうような、市民参加による対話を通した自律的な集団での意思決定によって進む協働性は、持続可能な地域社会の形成のために今後、ますます重要になってくると考えられる。

[*1]　Gunilla Dahlberg, Peter Moss, Alan Pence, *Beyond Quality in Early Childhood Education and Care*, Routledge, 2007.

Step3

1. ドキュメンテーションと協働

　Step 3では、ドキュメンテーションを保育にどう活かしていくのか、それが協働性にどう結びついていくのかを説明したい。

　一例としてレッジョ・エミリア・アプローチにおけるドキュメンテーションをあげてみよう。ここには保育の着眼点について学ぶことがたくさんある。例えば、保育者・子ども・保護者間のコミュニケーションツールとしての機能がある。また、保育者による観察記録であり、子どもの発見を他の保育者・子ども・保護者と共有するために生かされていく。レッジョ・エミリアの保育の検討を通して、日本の課題とも重ね合わせながら、保育においてどのような記録や協働が必要であるのか考えていきたい。

　レッジョ・エミリアの保育の特徴の1つは、プロジェクトと呼ばれる子どもたちの活動にある。プロジェクトとは、子どもたちの主体的で協同的な遊びがまとまりをもったものとして一定期間継続していくものである。プロジェクト活動をうながす重要なツールとして、ドキュメンテーション＝子どもの観察記録を考えてみる。ここでの観察記録は、子どもの会話を記録したもの、録音したもの、子どもの活動を撮影したものや子どもの作品等さまざまなものを指している。このたくさんの子どもの観察記録や作品等を通して子どもの考え方を理解することが可能となる。観察したまま文章を書くだけなら簡単であるが、子どもの認知過程を理解するためには、保育者に保育を見つめる目（発達過程の把握等）が必要である。

　子どもの言葉や活動や作品を通して子どもを見つめることは、子どもの姿をより多角的に理解することに役立つ。そして、それぞれが見いだした子どもの姿を伝えたり確認したりすることは、職員間の協働を豊かにする有効な方法であると考えられる。

　ドキュメンテーションは、こうした交流の媒介となる。子どもの観察記録や作品等を同僚や先輩保育者と共有し、主任保育士や園長の適切なアドバイスも加わることで、保育者はその後の指導計画を、より子どもの興味や関心に応じた、豊かなものにしていくことができる。

2. ミニ・ドキュメンテーションの勧め

　ドキュメンテーションという言葉の意味は、情報を収集して整理、体系化し記録を作成することといえる。また文章化などにより可視化するということである。ド

キュメンテーションは国際的に保育を記録する方法となりつつあるが、日本でも強い関心をもって注目されるようになってきた。

ドキュメンテーションは、①目の前の子どもの姿をより正しく把握する、②子どもに関する新しい発見をする、③子どもの姿や会話のなかからその後の計画の新しい方向性や保育の展開をうながしていく等のはたらきをもっている。

大切なことはこれらのなかで協働の場面が重要性をもつということである。ドキュメンテーションは単に個々の保育者の発見にとどまらない。複数の目を通すことによって一人では気づかなかった発見につながっていく。また、ドキュメンテーションは継続的な記録であるので、保育者は子どもの活動の過程を見守りながらプロジェクトの方向性を探り、翌日からの指導の一助とする。子どもたちの主体的で協同的な遊びや学びを、保育者が自律的に協働し、継続してとらえ、共有していくことが重要な原理であるということができる。

つまり、ドキュメンテーションは、園の保育の質の組織的な向上へのマネジメントの道具になるのである。ただし、保育の記録には一定の負担があるので、特に最初は、「ミニ・ドキュメンテーション」などとして、簡易なものから取り組んでいくとよいだろう。1枚程度の用紙に、子どものつぶやきをとらえ、そのつぶやきへの保育者の対応や環境の工夫、そして子どもの姿や活動のあり方の変化をたどり、それらの姿が、保育所保育指針のどの内容（領域）のどの項目にかかわる育ちにつながっているかを簡潔に記録し、それを個人としても保育者全体としても積み重ねることで、子どもの活動が豊かに展開し、保育者間での共有も図られ、保育のありようの変化、進化につながっていくことが期待できる。

3. 保護者や地域との協働へ

保護者や地域との協働

保育所保育指針では、「保護者に対する子育て支援を行う際には、各地域や家庭の実態等を踏まえるとともに、保護者の気持ちを受け止め、相互の信頼関係を基本に、保護者の自己決定を尊重すること」また、「保育及び子育てに関する知識や技術など、保育士等の専門性や、子どもが常に存在する環境など、保育所の特性を生かし、保護者が子どもの成長に気付き子育ての喜びを感じられるように努めること」（第4章　子育て支援）と示されている。子どものよりよい育ちを保障するうえで、保護者と保育者との信頼関係は不可欠であるが、信頼関係構築のためには、

相互理解が前提となる。相互理解のためには情報の共有が重要な要素の1つである。

　上記の規定からすると、保育者は、保育の記録や計画を保護者と共有することが必要になってくる。特に日々の子どもの姿とその過程を共有することにより、子どもの育ちを結果からだけではなく、過程からとらえる保護者の視点にもつながると考えられる。

　これは1つには、保護者への説明責任を果たすという意義をもっている。日々どのような保育が行われていて、子どもにどのような姿や育ちがみられ、それらがどのようにつながって子どものよりよい発達に結びついているのかについて、過程を振り返りながら説明することが可能になる。そのことで、保護者は子どもの園での生活のあり方に安心したり、子どもがしっかり育っていることを確かめることができて自分の子育てに安心したり自信をもったりできる。

　もう1つは、そうした共有の過程を通じて、保護者と保育者が、ともに子どもを育てるパートナーとして協働していくという考え方や感覚を育んでいくことにつながる。子どもは家庭だけで育っているわけでも園だけで育っているわけでもない。したがって、子どもの生活が24時間の見通しのなかで連続性をもったものとして営まれるために、あるいは家庭と園での生活がそれぞれ相互によい影響を与え合うために、さまざまな配慮が必要である。家庭での経験が園での遊びに活かされたり、園での活動が家庭でも興味をもって継続されたり、あるいは生活リズムなどへの相互の配慮がより適切なものとなることで、子どもの遊びや生活をいきいきと豊かなものにすることができる。

　また、ドキュメンテーションを地域に向けて発信することで、園の子どもの育ちを地域住民にも共有してもらえる。掲示や園だより、地域とかかわり合う行事などがその機会となる。保育所等は、地域社会を基盤として成り立っており、地域社会に貢献していく使命をもった組織であり、地域の人たちの協力も欠かせない。地域の人たちや施設などの社会的資源を園の保育に活用することは、子どもたちが社会にふれ、社会の多様な人々とふれ合う経験を得るための、保育の環境の有効な活かし方の1つである。地域に支えられ、一方で地域の子育て支援やまちの活力づくりに取り組んでいくことが、園を社会的に有益なシステムとして確立し、地域の子どもたちの育ちをよりよいものにしていくのである。

これからの協働のあり方

　では、これからの協働のあり方はどのようなものであるべきだろうか。ここで

は、保育の質の向上に向けたマネジメントの観点がより重要になってくることを指摘しておきたい。

ここまで述べてきたように、PDCA サイクルを、単なる品質管理にとどめず、保育という営みの特質や価値をふまえた、保育者・保護者・地域社会が参画する創造的なマネジメントの過程として成り立たせていくことが必要であろう。その協働のツールの有効な例としてドキュメンテーションについて述べてきた。

子ども・子育て支援新制度によって、自治体や園の主体的なマネジメントの必要性が高まっていることからも、園ではマネジメントができる人材が必要になってきている。園内の協働をうながし、保護者との協働をデザインし、地域社会との協働を展開していくという園のあり方を見通して、関係者と相互理解を広げ、深めながらインタラクティブな（相互作用的な）コミュニケーションを豊かにしていくことが求められる。ここには地域を基盤とした子育て・子育て支援といういわばインクルージョン（包摂）の発想が認められる。また、親の就労状況、障害の有無、家庭での養育の状況などにかかわらず、多様な子どもがともに育ち、協同性を育むという、インテグレーション（統合）の視点もより重要になる。

社会が子育てを支える姿、それは園のなかの職員の協働から始まる。協働は、互いに支えあう姿であり、それがこれからの保育の軸となっていくのである。

参考文献

● 柏女霊峰・橋本真紀『保育者の保護者支援——保育指導の原理と技術』フレーベル館，2008.

● 保育総合研究会・坂﨑隆浩監『保育サポートブック4歳児クラスの教育——指導計画から保育ドキュメンテーションまで』世界文化社，2014.

● 坂﨑隆浩『保育界』4月号，5月号，2014.，2月号，2015.

COLUMN　園の協働の一コマ

　園の協働は本講に示したように危機管理の関係からみたものが第一義にある。その中で2つの事例を紹介したい。

　職員が少人数の園長在園時には、園の出勤体制の毎日の確認作業を、1年経験した2年目の若い職員になるべく担当してもらった。実はこの作業、単に職員の出勤状況確認だけでなく、その交代時の不備や行事等の兼合いも含めた変則的な変更等も含め、安全確認を身をもって体験していくことになる。受け身の姿勢では身に付かない管理スキルを得る絶好の機会といえる。

　一方、職員数が多い園では、運動会のスタッフとしてできるだけ栄養士、調理員や看護師等も含めた行事担当を設けた。運動会の行事を通して楽しい協働になるかどうかは運動会担当の職員やその長の腕次第だが、どう進めていくかを職種を超えて話し合ったり、一緒に動いてみることはとても有意義であり、すべての職員が安全面も含め、園の子どもたちの状況を把握したり、声をかけたりすることはその後の保育の深化につながっていく。（坂﨑隆浩）

第 10 講

専門職間および専門機関との連携・協働

保育所等では、地域の専門機関と協力し、連携を図りながら子どもの保育と保護者支援に当たることが求められている。

本講では、保育現場における専門機関との連携や協働がどのように行われているのかを具体的に学んでいく。特に、保育者と専門職がそれぞれの専門性を活かしながら子どもの健康と安全を保障し、健やかな育ちを支えていくことの重要性を理解するとともに、その背景等についても考察を進めていきたい。

Step1

1. 専門職間の連携・協働

子どもの育ちを支える専門職について

　子どもの成長発達と保護者の子育て支援を担う保育所等は乳幼児期の保育にかかわる専門機関である。そこで働く保育士は乳幼児期の発達について熟知し、発達に応じた子どもの生活と遊びを構築し、実践しながらその成長を支えるとともに、保育との関連で保護者の子育てを支援することが求められる。保育士は国家資格であり専門職であることを念頭に、その専門性を高めるよう努めなければならない。

　保育現場には、保育士のほかに看護師、栄養士等の専門職が配置されていることもあり、保育士と協力してそれぞれの業務に当たっている。特に、保育所保育指針および幼保連携型認定こども園教育・保育要領の「第3章　健康及び安全」には、「子どもの健康支援」及び「食育の推進」において、看護師や栄養士の専門性を活かした対応を求めている。

保育所保育指針　第3章（抜粋）
　　第3章　健康及び安全
1　子どもの健康支援
　（3）疾病等への対応
　　　ア　保育中に体調不良や障害が発生した場合には、その子どもの状態に応じて、保護者に連絡するとともに、適宜、嘱託医や子どものかかりつけ医等と相談し、適切な処置を行うこと。看護師等が配置されている場合には、その専門性を生かした対応を図ること。
2　食育の推進
　（2）食育の環境の整備等
　　　ウ　体調不良、食物アレルギー、障がいのある子どもなど、一人一人の子どもの心身の状態等に応じ、嘱託医、かかりつけ医等の指示や協力の下に適切に対応すること。栄養士が配置されている場合には、その専門性を生かした対応を図ること。

　一方、保育所等と密接にかかわる外部の機関として、医療、保健、療育等にかかわる専門機関があり、医療機関における医師や看護師、保健機関における保健師やケースワーカー、療育機関における療法士や心理士等、さまざまな専門職が従事している。また、障害のある子どもなど特別な配慮が必要な子どもが増えているなかで、一人ひとりの状態や状況に応じたきめ細やかな支援が求められる。

　それぞれの専門職が自身の役割を果たしながら、子どもや保護者を継続的に支援していくために、専門職間の連携・協働は欠かせないものとなっている。

2. 専門機関との連携・協力

保育所等との連携が求められる専門機関について

　保育所等における専門機関との連携については、保育指針等においてもたびたび強調されている。特に「第3章　健康及び安全」、「第4章　子育て支援」には関係機関との連携にかかる規定が多い。また、「第1章　総則」においても、障害のある子どもの保育について「家庭や関係機関と連携した支援」を求めている。

　関係機関との場面を考えると、子どもの健康を支え、子どもの体調や病気についてより正確な判断と適切な対応を行うために、医療機関との連携があげられる。また、母親の妊娠、出産、子育ての状況をふまえた母子保健にかかる保健機関との連携も欠かせない。保健所等から健診や予防接種について、また感染症の流行などについての情報を得ることも大切である。さらに、子どもの障害等を早期に把握し、専門的な対応を行うところとして療育機関があり、保育所等の障害児保育においても療育機関からの助言を受けたり、保育所での子どもの様子を伝えたりする場面がある。

　一方、保育所等の保護者の不適切な養育や虐待が考えられる場合には、児童相談所に通告し、連携を図りながら対応していかなければならない。

　このように、専門機関との連携は子どもの命を守り、その健やかな成長を支えていくために欠かすことのできないものである。

連携・協働のあり方について

　近年では、妊娠、出産、子育て、保育、療育等のそれぞれの場面を引き継ぎ、継続的にかかわり支援していくことが必要となっている。子どもの育ちの連続性や家庭の状況をふまえ、各機関がそれぞれ別々に行う「点の支援」ではなく、情報を共有し引き継がれていく「線の支援」へ、さらには支援のネットワークが構築され、多様な人材や関係者が相互にかかわり支え合っていくといった「面の支援」が求められている。

　保育現場でも他の専門機関との連携・協働が図られるように、子どもや保護者に関する記録をとり、共有できる資料とするなど、的確かつ正確に伝えていく必要がある。子どもや保護者と日常的にかかわり、日々の変化や心身の状態を把握できるという特性を活かし、有機的な連携・協働となるよう努めていきたいものである。

Step2

1. 医療機関との連携

嘱託医との連携

　保育所等では、嘱託医による健康診断と歯科医師による歯科健診の実施が義務づけられている。保育現場において、保育者が医師と直接かかわるのは、年2回の健康診断と年1回の歯科健診である。保育者は子どもたちが健診を受ける際、子どもに付き添いながら医師の診断や助言を聴いたり、健診後も子どもの病気や健康管理について情報交換を行う。このように健診は医師と直接やりとりできる大切な機会である。保育所等では、保育者は事前に保護者から聴き取った質問や気にかかることなどを医師に伝え、その回答や助言を保護者に伝えている。また、必要に応じて、医師の指示にしたがいその内容をていねいに伝え、治療等を要請する。健診は、保育者にとっても保護者にとっても子どもの健康状態を確認し、適切な対応を行うために欠かすことのできない大切なものであり、その際の記録も大変重要である。

　保育者は、病気の予防や発病への対応、アレルギーのある子どもの状態、持病や体質などについて医師の助言や指導をあおぎながら、それを日々の健康管理や保護者への支援に活かさなければならない。また、一人ひとりの健康記録簿への記載やその管理にも留意し、子どもの健康状態を継続的に把握していくことが求められる。健診時に限らず、必要に応じて嘱託医に相談したり、感染症の流行などについての情報を得る等、日ごろからの連携が望まれる。

子どものかかりつけ医との連携

　保育所等に通う子どものなかには、アレルギーや持病のある子ども、ひきつけを起こしやすいなど特別な配慮の必要な子どもがいる。入所（園）の際には、保護者から子どもの状態について詳細に聴き取り、記録し、適切に対応しなければならない。その際、子どものかかりつけ医の意見や指導をあおぐことが重要である。

　改定された保育指針で強調されたように、食物アレルギーのある子どもの対応については、給食などの食事の提供に関して、かかりつけ医の指示書が必要である。これに基づき、除去する食品や子どもの健康・安全管理、症状の変化にともなう対応等を適切に行いたい。また、医療的ケアを必要とする子どもが入所（園）する場合には、医師の指示にしたがい十分に連絡を取りながら、緊急時の対応なども確認しておくことが必要である。さらに、子どもの病気や体質により、かかりつけ医の処方による薬を預かる場合には、保護者が記載し提出する「与薬依頼書」が必要で

あり、保育者は、薬の管理や処方について厳重かつ慎重にとり行うことが求められる。

なお、保育所等では、子どものかかりつけ医を把握するとともに、地域の小児科、外科、総合病院などの医療機関から協力・支援を得られるようふだんから体制を整えておくことが必要である。

病児保育における医療機関との連携

平成27年度より施行された「子ども・子育て支援新制度」において、市区町村が実施主体となる「地域子ども・子育て支援事業」が創設され、地域の実情に応じて、柔軟に選択できる13のメニューが設定された。この中に「病児保育事業」があり、その普及・促進が図られている。

病児保育事業とは、病児について、保育所や病院等に付設された専用スペース等において看護師と保育士が保育する事業及び保育中に体調不良になった子どもを保育所の医務室等において、看護師等が緊急的な対応を行う事業であり、①病児対応型・病後児対応型、②体調不良児対応型、③非施設型（訪問型）の３つがある。

このうち、地域の保育所および小学校に通う子どもも含めて専用スペースで病児を保育する「病児対応型」および病気の回復期など病後時の子どもを保育する「病後児対応型」においては、保護者が医師の診断に基づき病児の症状、薬の処方内容等を記載した連絡票により、子どもの状態を確認したうえで受け入れを決定する。専用スペースには保育室とともに子どもの静養または隔離の機能をもつ観察室または安静室が必要である。事故防止および衛生面に配慮されている環境であることはもちろん、専従の看護師と保育士が配置されていなければならない。また、事業実施保育所に通う子どもが保育中に体調不良になった場合に保育する「体調不良児対応型」においては、衛生面に配慮された保育所の医務室や余裕スペース等で子どもの安静が確保されることが必要である。配置されている看護師が中心となって地域の保育所等への情報提供や子育て家庭等に対する相談支援を実施することも事業内容に盛り込まれている。「非施設型」は、地域の病児・病後児について、看護師等が保護者の自宅へ訪問し一時的に保育する事業であり、一定の研修を修了した看護師等、保育士、家庭的保育者のいずれかが１対１で保育する。なお、平成27年度の実施箇所数（交付金交付実績）は、①1,395箇所（病児対応型789箇所、病後児対応型606箇所）、②822箇所、③９箇所となっている。

病児保育を行うために、緊急時に児童の受入れを依頼する協力医療機関、日常の医療面での指導・助言を行う指導医をあらかじめ選定することや保育所と医療機関

との連携が重要である。また、病児保育にたずさわる保育士には子どもの病気やその対応について看護師の指導や助言を受けながら適切に保育することが求められる。

訪問型保育における医療機関との連携

新制度では、「施設型給付」の対象である保育所、幼稚園、こども園に加え、「地域型保育給付」の対象として、小規模保育、家庭的保育、事業所内保育のほか、「居宅訪問型保育」が設けられた。これは、障害・疾患等により集団保育が困難であると認められ、個別のケアが必要な子どもの自宅において1対1の保育を行うものである。

担当する保育者は、保育を行ううえで、子どもの疾病等に関する知識や対応、健康管理のポイントや感染症の予防、乳幼児を対象とした救急救命法などの技術を身につけておくことが求められる。また、子どもの発達に応じた1対1の遊びや子どもの状態をふまえた遊びの提供が必要である。

保育者は、必要な研修を修了し、保育士または保育士と同等以上の知識等を有すると市町村長が認める者とされるが、保育所等の集団保育とは異なる配慮が必要となる。また、医療機関との連携が必須であり、医療機関の指示や指導等を受けて、子どもの状態に応じた対応を適切かつ慎重に行うことが求められる。

2. 保健機関との連携

母子保健との連携

妊娠がわかり、妊婦がまず出向くところは保健所(保健センター)である。そこで、母子健康手帳を受け取り、窓口の担当者から母子健康手帳の内容や記載について説明を受ける。また、妊産婦健診の記録、出生時の記録が重要であることや出産後の子どもの健診や予防接種について話を聞く。自治体によっては、「マイ保育園」(かかりつけの保育所)への登録を勧めたり、その制度について伝える場合もあるだろう(124ページ参照)。

わが国の母子健康手帳は、戦後間もなく母子保健の充実・推進が図られる中で、母子の健康と安全を守るために作られたもので、これをもとに必要な保健指導や健診などの母子保健サービスが行われる。妊産婦の心身の健康、生まれた子どもの健康やその育ちを支えるために母子保健サービスは大変重要であり、保健師を中心に、子育て家庭と医療・保育・福祉をつなげる役割を担っているといえよう。

一方、保育現場では、保護者の了解を得て、母子健康手帳を子どもの健康管理や一人ひとりの子どもに応じた対応を図るために活用し、健診の受診や予防接種の接種状況について把握している。また、健診や予防接種、育児相談や講座など保健機関からの情報を保護者に伝えたり、子どもの健康に関して保健師の指導や助言を受けることも多い。

近年では、保護者（特に母親）の産後うつ病などの疾病や育児不安、子どもの成長・発達についての心配など、保健機関の保健師等が個別に支援するケースが増えている。また、保健機関において、家庭への訪問指導や相談事業が行われている。こうした母子保健サービスを引き継ぎ、または並行して保育所等での保育が行われることも増えており、保育所と保健機関との連携は大変重要なものとなっている。

保健機関の業務と子育て支援

保育者は、保健機関の役割や業務内容を理解し、継続的に子どもとその保護者を支えていくことが求められる。特に、わが子への虐待の防止やその早期発見に留意し、保健師と保育士等が情報を交換しながら、保護者や地域の子育てを見守り、支援することが必要である。在宅の母親が子育てへの不安や孤立感を抱きやすいことに留意し、個別にていねいに対応し、必要な場合には次の段階の支援へとつなげていく。

保健所等が実施する主な業務として、乳児家庭全戸訪問（こんにちは赤ちゃん事業）および幼児の健診、保護者等への保健指導、保育所等や医療・療育機関と連携しての子育て支援等がある。特に、近年では、健診や訪問指導において気になる子どもと保護者を保健所の親子教室等に誘ったり、療育機関や保育所につなげるケースが増えている。切れ目のない継続的な子育て支援が望まれる。

3. 療育機関との連携

障害の早期発見と早期対応

子どもの発達に遅れがあったり、その疑いがある場合には、専門の療育機関で適切な対応や指導を受ける必要があるだろう。だが、早期に医療機関において病名や症状等が明らかになった場合を除いて、保護者がわが子の障害等を認め、受容し、次の一歩を踏み出すためには周囲の支えが必要となる。発達障害などのケースは、母親が子どもへの対応に悩んだり、周囲の視線に傷ついたりしながら、子育ての負

担感や孤立感を抱くケースがあり、できるだけ早く子どもと保護者を助け、適切な支援に結びつけなければならない。

わが国では、母子保健サービスとして、先天性代謝異常の検査や乳児健康診査、1歳6か月健康診査、3歳児健康診査などが行われているが、特に、保健所等で行われる1歳6か月健康診査では、身体発達、運動機能の発達、言語発達、精神発達などを評価し、障害の早期発見と早期対応に努めている。この健康診査で支援等が必要である場合には、保健所の親子教室や療育機関、医療機関への受診を勧める。また、経過観察として継続的に見守り、必要に応じて支援の場につなげたり、保育所入所を勧めたりするケースもある。保護者の気持ちに寄り添い、親子を孤立させないこと、いつでも相談に応じられる体制を整えることが必要だろう。そして、保健所と療育機関等と保育現場が協力して子どもと保護者を支えることが重要である。

早期発見が早期療育につながり、一人ひとりの子どもに応じた適切な支援がなされるとともに保護者や家庭を含めた子育て支援や子どもの最善の利益をふまえた対応が求められる。

障害のある子どもの保育と訪問支援

平成29年度、全国の約1万6000か所の保育所で約6万人の障害のある子どもの保

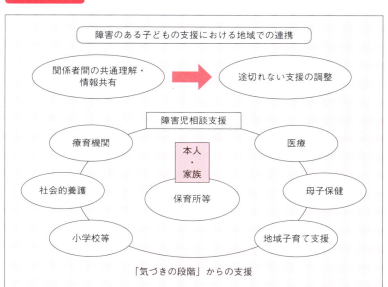

図表10-1 障害のある子どもの支援における地域での連携

資料：「今後の障害児支援の在り方検討会について」（報告2014.7）をもとに作成。

育が行われている。保育所の障害児保育は長い間行われてきており、保育士等も必要な支援方法を学んだり、専門家や療育機関と連携して子どもや保護者を支えてきた。障害のある子どもが入所している場合には人数により職員が加配されたり、障害児保育に関する研修が行われたりしている。しかし、障害のある子どもの入所が年々増え、保護者の状況も多様化している現在、保育所の障害児保育にはなお課題があるといえる。

2012（平成24）年に「保育所等訪問支援」が創設され、児童発達支援センターなど療育機関のスタッフが障害のある子どもが通う保育所等を巡回訪問し、子どもへの生活指導や保育者への助言等が行われている。保育者は、療育機関の役割を理解し、連携を深めながら、訪問支援での気付きや学びを日々の保育に活かしていきたい。個別の指導計画や支援計画を作成し、記録を充実させながら、他職種との連携がスムーズに行われるように保育の専門性を高めていくことが重要である。

新制度における障害児保育

子ども・子育て支援新制度において、障害児の支援につながる取り組みの制度化に関する事項が含まれている。そのなかには、保育所等が障害児を受け入れ、関係機関との連携や相談対応等を行う場合に、地域の療育支援を補助する者を配置することや、保育所等を円滑に利用できるようにするために連絡・調整を実施する「利用者支援事業」などがある。また、平成29年度には「医療的ケア児保育支援モデル事業」が創設され、看護師を派遣し、保育士を加配して医療的ケアの必要な子どもの保育所等への受入体制の整備を図っている。

障害のある子どもの保護者への相談支援が適切かつ柔軟に行われることが重要であり、地域において支援の輪を広げ、つなげることが求められる。また、保育者は2006年に国連で採択された「障害者の権利条約」（日本は2014（平成26）年に批准）や平成28年度より施行された「障害者差別解消法」について理解し、ノーマライゼーションの理念に基づく地域福祉に貢献していきたい。

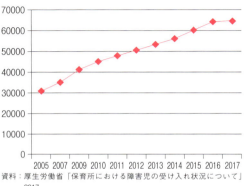

図表10-2 保育所における障害児の受け入れ状況について

資料：厚生労働省「保育所における障害児の受け入れ状況について」2017.

Step3

1. 教育機関との連携

小学校との連携

多くの地域において、保育現場と小学校の連携を図るために、自治体が主導して保育者（保育士・幼稚園教諭等）と小学校教員が学び合う場を作ったり、研究や事例検討をしたりしている。また、保育士等が小学校を訪問したり、小学校教員が保育所等を訪問し、互いの現場を理解したり、子どもの遊びや学びへの理解と認識を深めたりしている。幼児と小学生が交流する場を設けたり、年長児が小学校を訪問したり、小学校の行事等を見学したりする活動も行われている。

保育所保育指針（以下、保育指針）の「第2章　保育の内容」の「4　保育の実施に関して留意すべき事項」には、小学校との連携について規定されている。幼稚園教育要領、幼保連携型認定こども園教育・保育要領にも同様の規定があり、さらに小学校の学習指導要領においても地域における保育・教育機関との連携について明記されている。また、小学校以降の生活や学習の基盤の育成を担うために、指針、要領等では同様の規定がなされている。

保育指針にみる「小学校との連携」

> **保育所保育指針　第2章（抜粋）**
> 　　第2章　保育の内容
> 4　保育の実施に関して留意すべき事項
> 　(2)　小学校との連携
> 　　イ　保育所保育において育まれた資質・能力を踏まえ、小学校教育が円滑に行われるよう、小学校教員との意見交換や合同の研究の機会などを設け、第1章の4の(2)に示す「幼児期の終わりまでに育ってほしい姿」を共有するなど連携を図り、保育所保育と小学校教育との円滑な接続を図るよう努めること。
> 　　ウ　子どもに関する情報提供に関して、保育所に入所している子どもの就学に際し、市町村の支援の下に、子どもの育ちを支えるための資料が保育所から小学校へ送付されるようにすること

子どもの生活と発達は、乳幼児期から学童期へと連続している。保育現場での遊びや生活で培われてきた子どもの育ちが小学校以降の生活や学びの基礎になることをふまえ、乳幼児期にふさわしい経験を積んでいくことが大切である。保育士等は子どもの発達の特性や保育の内容について、その意図や意義なども含め言語化し、伝える力をつけていくことが小学校との連携においても重要である。また、保育指

針「第1章　総則」に「4　幼児教育を行う施設として共有すべき事項」が明記されたことをふまえ、小学校教育への接続をより意識していかなければならないだろう。

2. 保育士養成校（大学等）との連携

保育実習における連携

　現在、多くの保育現場で保育者が大学の教員とかかわるのは保育実習においてであり、保育所等では養成校（大学・短大・専門学校等）から複数の実習生を受け入れ、指導に当たっている。実習生への直接・間接の指導は多岐にわたり、学生の資質や能力、経験知や特性などもふまえて、ていねいに行われている。担当する保育者の負担は大きいと考えられるが、保育所等では次世代育成支援の観点から積極的に実習生を受け入れている。また、実習生の指導を通して保育者自身の成長も期待される。学生を指導することにより、改めて保育を振り返り、保育の意図や保育所等の役割を確認することは、保育の質や専門性の向上につながるといえる。

学生に望むことと養成校との協働

　全国の保育士養成校の教員を対象にした調査では、養成課程を通して学生に習得してほしい項目があげられている。このなかで、特に「言葉づかい、礼儀等の社会人としての基本的事項」と「相手の話を聴き自分の意見も主張するコミュニケーション能力」が高くなっている。「保育の理論や子どもの発達に関する知識」や「目の前の子どもの姿を読み取る力」などの保育の専門性にかかわる項目もあげられているが、保育者として、社会人として備えるべき基本的な態度や資質がまず重要であることがみて取れる。このことは、実習指導においても、特に、生活経験がとぼしく、子どもや世代の異なる人とのかかわりが不足しているといわれる近年の学生の傾向をふまえた指導が必要となっている。

　一方、養成校の教員には、学生の実習先を巡回訪問し、保育者から報告を受けたり、話し合ったりすることが義務づけられている。その際、実習生の様子を聴き取ることはもちろん、実習にともなう課題や子どもの保育や保護者支援にかかわる保育現場の取り組み等についてうかがい、意見を出し合ったりすることも大切である。実習を依頼するだけでなく、養成校の教員からも自身の教育活動や研究等をふまえた助言やアドバイスを行ったり、保育現場の実践の成果を養成校における授業等に反映させるなど、互いに学び合い、影響を受け合う関係となることが望まれる。

保育現場にはさまざまな実践と臨床にかかわる成果があり、経験豊かな保育者が日々、子どもの保育と保護者支援に当たっている。養成校の教員との協働によりこうした成果が広く社会に伝えられたり、相互理解を図りながらさらなる保育の質の向上に結びつくことが期待される。

COLUMN　マイ保育園について

　在宅の子育て家庭が、地域の保育園をかかりつけ医のように気軽に訪れ、保育士等に子育てに関する相談等ができるよう、「マイ保育園」の登録を行う自治体が増えている。

　市区町村では、母子健康手帳交付の際に妊婦にマイ保育園について説明するだけでなく、出生届が出されたすべての家庭に案内を送り、また、乳児健診の際にも登録を勧めている。登録すると、育児相談や身長体重の測定、子育てに関する情報を得ることができる。また、園庭等で遊ばせたり、育児講座などに参加することができる。

　マイ保育園を支える体制として地域子育て支援センター等との連携を位置づけ、子育て家庭の見守りと相談支援体制の強化を図っている。

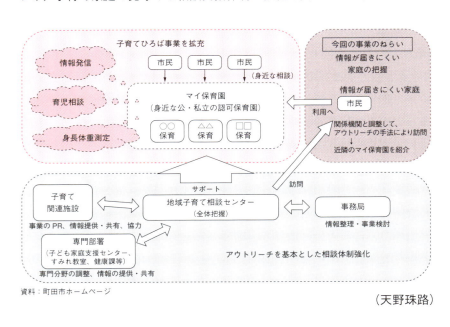

資料：町田市ホームページ

（天野珠路）

第11講

地域社会との連携・協働

　保育者が、子どもの保育と子育て支援を行っていくうえで、地域との協力・連携は欠かせない。

　保育所が、地域にひらかれた社会資源として地域のさまざまな人や場とつながり、連携を強めていくことは、今日において特に必要なことである。昨今、多発する自然災害から子どもたちを守るうえでも地域との連携は欠かせないだろう。

　本講では、保育現場における地域社会との連携や協働がどのように行われているのかを具体的に学んでいく。

Step 1

1. 子どもを取り巻く社会

　大人も子どもも社会的な存在であり、身近な人や場とかかわり、周囲の環境の影響を受けて生活している。それぞれの家庭は地域のなかに根づき、地域の特性や自然環境により生活の風景は異なる。子どもを中心において考えていくと、**図表11-1**のように、保育の場は子どもにとって最も身近な社会であり、家族とともに保育者や友達は身近な存在である。保育所等も地域社会の中にあり、地域のさまざまな人や場とかかわりながら視野を広げたり、関係を築いたりする。

　近年では、近所づき合いがなかったり、地域とのかかわりが希薄だったりする家庭があり、子育て中の母子が家庭のなかで孤立している状況もある。地域における人々のつながりや助け合いが少なくなったり、少子化のなかで同じ年齢の子どもが近所にいないといったケースもあるだろう。

　保育所等が地域の人や場をつないだり、風通しのよい運営をすることで、子育て家庭の不安を軽減したり孤立化を防いだりすることが重要になっている。地域の自然や文化を保育や子育て支援に活かしたり、さまざまな地域の情報を子育て家庭に伝えたり、地域の人材や資源を活用したりすることが、直接、間接に子どもの育ちを支えることにつながる。

図表11-1 子どもを取り巻く社会

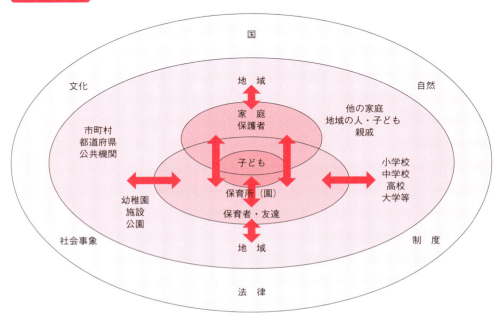

2. 自治体との連携

保育所の認可や運営について

　法的、制度的に裏づけられている保育所等は、地域社会からの要請に応えていく公的な役割を担っている。地域において認可保育所等として運営していくためには設置にかかる基準を満たし、都道府県の認可を受けることが必要である。なお、小規模保育や家庭的保育等の地域型保育は都道府県ではなく市町村の認可事業である。

　子ども・子育て支援新制度において、「施設型給付」の対象となる認可保育所、認定こども園、幼稚園の利用に関しては、市町村が客観的基準に基づき保護者の保育の必要性を認定し、その区分に応じて保育に係る費用が算定され、給付が支給されるしくみとなっている。保育の実施主体は市町村であり、それは私立の施設であっても同様である（私立保育所等の場合には、市町村が施設に対して保育に要する費用を委託費として支払う）。

　また、都道府県および市町村には保育の基準の遵守状況等に関する指導監査を行う義務があり、国が示す監査項目にしたがい、保育の質を担保するために定期的に行っている。その際、指摘事項などがあれば改善を求め、確認することとしている。

現場と行政との連携

　市町村は地域の子育てニーズに基づき「子ども・子育て支援事業計画」を策定し、必要な保育を確保する義務がある。市町村には「子ども・子育て会議」が設置され、関係者による活発な議論が行われているが、そこには保育所長や園長も参画し、子どもや子育てにかかわる地域のさまざまな課題について検討されている。

　一方、各自治体の関係部署（保育課、子育て支援課等）との連携はもとより、保健所や児童相談所等との連携も欠かせない。子どもや家庭の健康支援や虐待防止の観点からも保育現場と関係機関とのつながりは重要である。市町村に設置される「要保護児童対策地域協議会」に保育所等が参画し、情報を共有したり、必要な対応を図っていくことが求められる。

　このように、保育所等においては市町村など自治体とのつながりが不可欠であり、行政と保育現場が情報を共有し、共通理解を図りながら子どもと子育て家庭のために協力・協働していくことが求められる。

Step2

1. 保育における地域との連携

地域社会への説明責任

保育所保育指針（以下、保育指針）の「第1章　総則」には「保育所の社会的責任」として、地域社会との交流や連携とともに、保護者や地域への説明責任を求めている。児童福祉法第48条の4においても保育所の情報提供が努力義務として規定されている。

保育内容に関する事項等について、情報を開示することは、今日では特に重要であり、説明責任を果たすことが求められる。その際、一方的な説明ではなく、応答的なものとなるよう配慮する必要があるだろう。

保育の計画に基づく地域社会との連携

保育所では、地域社会との連携・交流を重視し、年間を通して計画的に取り組んでいる。その際、保育指針の第2章に明記されているように「地域の自然、人材、行事、施設等の資源を積極的に活用」することが、子どもの生活体験を豊かにし、保育の充実につながる。

子どもの年齢や保育所の状況、地域の自然や文化などの特性をふまえて、時期や季節に応じて豊かな連携・交流が図られるよう年間、月間の計画を立てて取り組んでいくことが大切である。このため、保育士は、視野を広げ、地域の状況を熟知し、さまざまな人や場とのかかわりを大事にしていくことが必要である。子どもたちが「近隣の生活や季節の行事などに興味や関心を持つ」（保育指針第2章　保育の内容　2(2)ウ環境(イ)⑥）姿を見守りながら、地域に出向いたり、地域の伝統行事に喜んで参加する機会を設けたりすることも大切だろう。

保育所保育指針（抜粋）

　　第1章　総則　1　保育所保育に関する基本原則

(5)　保育所の社会的責任

　イ　保育所は、地域社会との交流や連携を図り、保護者や地域社会に、当該保育所が行う保育の内容を適切に説明するよう努めなければならない。

　　第2章　保育の内容　4　保育の実施に関して留意すべき事項

(3)　家庭及び地域社会との連携

　　子どもの生活の連続性を踏まえ、家庭及び地域社会と連携して保育を展開されるよう配慮すること。その際、家庭や地域の機関及び団体の協力を得て、地域の自然、高齢者や異年齢の子ども等を含む人材、行事、施設等の地域の資源を積極的に活用し、豊かな

Step2

Step1　Step3

生活体験を始め保育内容の充実が図られるよう配慮すること。

2. 地域社会との連携・交流の実践例

実践①－地域に出向く－

　保育の指導計画に地域との連携・交流を位置づけ、見通しをもって実践していくために、保育士は、子どもの興味や関心を把握しなければならない。

　例えば、ごっこ遊びが好きで、お店屋さんごっこなどを楽しむ子どもが多い場合には、商店街に出向き、実際に買い物をしたり、店の人とやりとりをするといいだろう。虫や生き物への興味が高まり、自然とのかかわりを求めている子どもには、少し遠出して、野山で遊んだり、虫を捕まえるのもいいだろう。園庭で野菜を育てるときには地域の農家を訪れ、農家の人の話を聞いたりアドバイスをもらったりしたい。地域のお祭りで見るおみこしを作りたい子どもには、お祭りの写真を見たり、地域の人に話を聞いたり、神社に出向いたりするのもいいだろう。実際に地域のお祭りに参加したり、地域の人を招いて保育所の夏祭りを行ったりすることもあるだろう。郵便局、図書館、消防署、児童館、公園、小学校など、地域のさまざまな公共機関に出向いて、話を聞いたり、興味や関心を高めることも大切である。子ども自身が楽しみ、地域の人や場と交流をもつことが学びにつながるよう保育士自身が視野を広げ、関心を高めることが重要である。

実践②－高齢者や地域の人との交流－

　保育所等では、世代間交流として、高齢者との交流を大切にしている。

　核家族化が進み、祖父母と同居している子どもが減り、普段、高齢者とのふれあいがない子どもが多くなっている現在、計画的に高齢者との交流を進め、定期的に高齢者を保育所等に招いているところもある。

　A保育所では、高齢者にコマ回しやけん玉などを教えてもらったり、一緒にすごろくやゲームを楽しんでいる。B保育所では高齢者と一緒にお店屋さんごっこをしたり、歌を歌ったりしている。C保育所では高齢者とともに餅つきをしたり、夏祭りや発表会などに高齢者を招いたりしている。さらに、一緒に野菜を育てたり、調理体験をしたりする保育所等もある。

　高齢者だけでなく、地域のさまざまな人との交流を図っている保育所等もある。

第11講　地域社会との連携・協働

例えば、避難訓練に消防署の消防士が来て話をしたり、警察官が交通安全教室を行ったり、あるいは、魚屋さんが園に来て魚をさばいたり、音楽家を招いて演奏会を開いたり、ボランティアの方が絵本の読み聞かせや語りをしてくださる園もある。地域のアーチストが子どもと一緒に表現活動を楽しんだり、子どもが外国人と遊ぶ機会を設けている園もあるだろう。

保育士等は、こうした交流が子どもにとって有意義な経験となるよう事前に関係者と話し合い、準備をする必要がある。また、地域のさまざまな人がもっている力を引き出し、その力が発揮されるよう後押ししていくファシリテーターとしての役割をもつことも求められるといえよう。

実践③ー保育体験や実習の場としてー

中学生や高校生の保育体験を受け入れている保育所等も多い。子どもと遊んだり、おむつ替えや着脱を手伝ったりするなかで、子どもや保育への興味を深めるケースもあるだろう。特に、少子化のなかで、きょうだいがなかったり、幼い子どもと接する機会が少ない中学生、高校生にとって、子どもとのかかわりは新鮮な体験となる。子どもへの親しみや理解を深めながら、将来、父となり母となることへのイメージをふくらませることもあるだろう。

大学生や社会人の体験学習、あるいは、保育士養成のための保育実習で学生を受け入れている保育所等も多い。その目的や期間などは異なるが、いずれの場合でも、オリエンテーションなどで保育所等の約束事や子どもへの対応についてていねいに伝えることが重要である。受け入れのためのマニュアルを作成したり、関係者と十分に話し合ったりして、有意義な保育体験や実習となることが望まれる。また、それぞれの取り組みの振り返りをしっかりと行い、保育所の自己評価に反映させていくことが必要だろう。

外部の人を積極的に受け入れるなかで、内部の人間だけではみえないことに気づかされたり、わかりやすくていねいに説明する力が養われたりする。風通しのよい保育所運営のために大切なことである。

実践④ー保育・幼児教育の充実のためにー

保育所等が地域のほかの保育所や幼稚園、こども園と交流をもち、保育者同士が連携を図りながら地域の子どもたちの育ちを支えていくことが求められている。現代においては、子どもたちが地域で誘い合い集まって遊んだり、活動したりする場面がほとんどなく、子ども社会が自然に形成されることがみられなくなった。地域

の子ども（幼児）が一緒に遊んだり活動したりすることができるよう、保育者同士で連携を図りながら協働して取り組んでいくことが必要である。特に、年長児にとって、ほかの園の子どもとふれあい、交流をもつことは、小学校就学後の生活にかかわると考えられる。

　例えば、地域の保育所、幼稚園、こども園の年長児が集まって、ドッヂボール大会やマラソン大会を行ったり、互いの発表会に招いて交流を図ったりしているところもある。保育所などの施設規模や子どもの人数などにより取り組みの方法や内容は異なるが、地域の子ども達が楽しく交流し、友達を増やしていくことは好ましいことである。保育者同士で十分に話し合い、必要な役割分担や準備を行い、有意義な交流となることが望まれる。

　保育者同士がともに協力して取り組む様子や担任以外の子どもとかかわる姿は、子どもたちに少なからず影響を与える。また、保育者が活動を計画したり、振り返ったりするなかで、子どもへの理解を深めたり、子どもの育ちや子育ての課題を共有していくことも大切だろう。実際、こうした交流活動から、地域の保育所や幼稚園が協力して、「保育フェア」を開催し、保育内容や子どもの様子をパネルなどで展示したり、地域の子育て家庭に遊びを提供したり、子育て相談に応じたりするなど地域全体のもよおしに発展させた例もある。このような活動のなかで、保育者自身も成長し、保育者としての力量を高めていくのである。

図表11-2 保育所と幼稚園の交流計画（例）

時　期	内　容	準備・配慮等
4 月	交流計画の策定。話し合い	それぞれの園の年間計画や子どもの様子等の確認・伝達
5 月	散歩先での交流	公園で一緒に遊ぶ際の約束事等の確認。ボールなどの用意
7 月	散歩先での交流	〃　　　　しっぽとりゲームの鬼のしっぽの用意
9 月	合同の避難訓練	避難先、避難ルートの確認
10 月	保育所でのゲーム大会	スケジュールの確認　必要な物の用意　環境の設定
11 月	幼稚園でのドッヂボール大会	配慮が必要な子どもへの対応の確認　安全面の確認
1 月	保育所でのコマ回し大会	ほかの年齢の子どもへの配慮等の確認
2 月	作品展・発表会見学	
3 月	合同遠足 交流の振り返り	スケジュールの確認　必要な物の用意　同じ小学校に入学する子ども同士の交流 それぞれの記録や自己評価をふまえ、次年度につなげる

3. 保育所と小学校の連携・交流

カリキュラムの接続と保育者・教員の学び合い

　市町村の担当課などが「幼保小連携」に関する事例集や、年長児後半のカリキュラム（アプローチカリキュラム）と小学校１年生の前半のカリキュラム（スタートカリキュラム）をつなぐための冊子等を関係者とともに作成している地域がある。地域全体で子どもの育ちを乳幼児期から学童期まで見通しながら支えていく。こうした取り組みが保育者と教員、そして自治体との連携・協力のもとで行われることが望ましい。「小１プロブレム」と呼ばれる就学直後の課題を見すえ、保育現場から教育現場へのスムーズな移行が図られるよう、ともに知恵と力を出し合いたいものである。

　また、カリキュラムの接続のため、保育者と教員が協力してアプローチカリキュラムやスタートカリキュラムの作成にたずさわることも大切だろう。保育指針や要領、そして小学校の学習指導要領を互いに読み合い、「育みたい資質・能力」や「幼児期の終わりまでに育ってほしい姿」を共有するなど連携を図っていきたい。子どもの生活の連続性、育ちと学びの連続性（**図表11-3**）をふまえ、地域における子どもの保育・教育の充実を図っていくことは子どもにかかわる専門職の使命であり責任である。乳幼児期の発達過程を十分に理解するとともに、保育と教育を結ぶ役割を果たしていきたい。また、保育における領域から教科目へ（**図表11-4**）の移行やそのつながりを理解し、小学校における生活科等の授業との関連も考慮したい。

　地域社会がいきいきと躍動するために、子どもが子ども時代を楽しく幸せに過ごせるようにすることが大切である。子どもの育ちと学びの連続性をふまえ、子どもの可能性を伸ばすために、子どもにとって最も身近な存在である保育者の役割はとても大きい。計画に基づく実践を振り返り、保育の意図や保育所等の役割を再確認しながら、地域の小学校との連携を深めていきたいものである。

図表11-3 育ちと学びの連続性

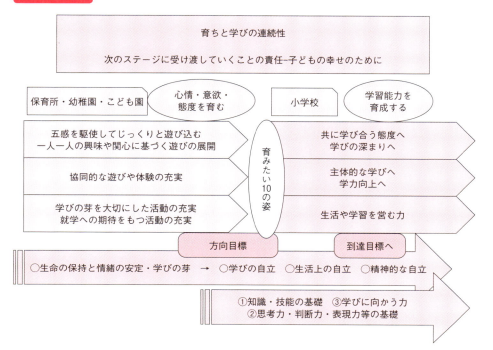

図表11-4 領域から教科目へ

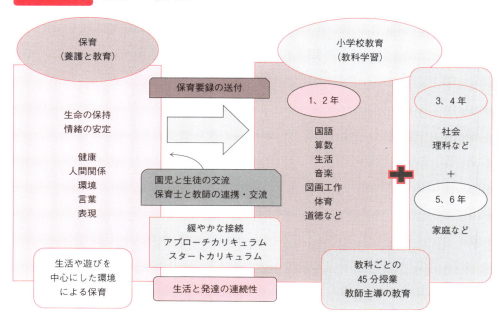

Step 3

1. 自然災害と防災対策

多発する自然災害と災害への備え

近年、わが国においては自然災害が多発し、甚大な被害をもたらしている。2018（平成30）年6月には大阪北部で震度6の地震があり、7月には西日本豪雨、さらに同年9月には台風21号による被害が多くあり、その直後、北海道では震度7の地震により多くの方が犠牲になっている。

日本全国、どこにおいても災害は起こりうることが実感され、子どもの命を預かる保育現場においては、特に緊張感と使命感をもって災害への備えを講じていかなければならない。保育所保育指針や幼稚園教育要領、幼保連携型認定こども園教育・保育要領においても「第3章　健康及び安全」に「災害への備え」の項目が新設され、安全対策や防災の観点から「地域の関係機関等との連携」についても規定している。

災害に関する情報の共有と適切な対応

保育所等においては、避難先や避難ルートなど防災についての通知を配布し、ハザードマップ、防災マップなどを掲示し、保護者と共有している。また、引き渡し訓練や保育所等の防災に関する取り組みをていねいに伝え、家庭でも話し合ったり、迅速な行動がとれるよう働きかけたりしている。計画的な避難訓練や保育所における安全教育についてていねいに伝えていくことも大切である。

また、自治体からの災害に関する情報をキャッチし、台風など災害が予測される際には、早めのお迎えや場合によってはお休みしていただくなど、子どもの命を最

図表11-5 教育・保育要領、保育指針に新たに規定された「災害への備え」（第3章「健康及び安全」の4）

(1)施設・整備等の安全確保
ア　防火設備、避難経路の安全性の確保と安全点検
イ　備品、遊具等の配置、保管、安全環境の整備

施設・設備の点検・整備
日常的な安全点検
ヒヤリハットの検証

(2)災害発生時の対応体制及び避難への備え
ア　避難訓練計画等に関するマニュアル作成
イ　定期的な避難訓練の実施
ウ　保護者への連絡体制や引き渡し方法の確認

東日本大震災はじめ
多発する自然災害への対策や避難訓練の
重要性

(3)地域の関係機関等との連携
ア　地域の関係機関との日常的な連携
イ　地域の関係機関や保護者との連携による避難訓練

普段から顔の見える地域との関係
保護者・家庭との共有

優先に保護者に協力を依頼することもあるだろう。災害発生後の安否確認など、保育所等においては自治体と連携し、一人ひとりの子どもや保護者の状況を把握することが求められる。

2. 災害に関する地域との連携・協働

災害発生時における地域との連携

災害発生時、指定避難所まで避難する際、地域の方の手を借りたり、声をかけ合って一緒に避難したりするなどの状況が考えられる。実際、東日本大震災では、地域の方が幼い子どもたちが乗る避難車を押したり、段差や坂道で持ち上げたり、乳児を抱いて避難したりした。また、避難先で子どもたちを気づかったり、場所を譲り合ったり、わずかな食糧を分け合ったりといったこともあったという。

被災を免れた保育所等に、近隣の保護者やひとり暮らしのお年寄りが頼って来られ、避難先の一つとして地域に開放した保育所もあった。地域の人に助けられたり、地域の人を助けたり、一緒に炊き出しをしたり、必要な備品や食料を提供したり、緊急事態を乗り切るために知恵を出し合い、協力していくことが必要となる。

地域の関係機関との連携も重要であり、市町村の関係部署、消防、警察、医療機関、自治会など、必要な情報を伝え合い、協力体制を整えて子どもたちの安全を確保していかなければならない。特に、障害やアレルギーのある子どもなど、配慮が必要な子どもについては細心の注意を払い、周囲の大人が適切に対応できるようにしなければならないだろう。地域全員で力を合わせ助け合っていくことが望まれる。

地域とともに行う防災対策

地域と合同の避難訓練や防災に関する話し合いなどに保育所として積極的に参画し、幼い子どもの視点から意見を述べ、地域全体の防災力を高めるために協力していくことが求められる。また、地域の地理的特性や立地条件など、地域の方の力を借りて把握しておくことが大切である。

地域との連携においては、日常的なかかわりや交流を積み重ねていくことが重要であり、普段からあいさつをかわし、園の取り組みをわかりやすく伝えたり、交流の機会を設けたりしていきたい。声をかけ合い、顔の見える関係をていねいにつくっていくことで相互理解が図られ、いざというときの助け合いにつながるだろう。

地域においてひらかれた施設であることが求められる。

COLUMN 保育園と小学校との交流 「5・5交流を中心に」

　　下記は、保育園と隣接する小学校との交流の記録から作成したものである。記録にあるように、この園と学校は年間を通して子ども同士のかかわりが育まれるよう、特に5歳児（年長児）と5年生の交流を推し進めている。年長児が卒園し、1年生になったとき、5年生は6年生となり、最上級生としての自覚をもって1年生を迎えることだろう。1年にわたる保育園児との交流が活かされ、それぞれの子どもの成長につながるよう連携を強めていきたいものである。

それぞれの年間指導計画・交流計画に位置づける

5月：小学校の運動会予行練習を見学
「あっ！ソーラン節だ」
「保育園の運動会のとき、前の年長さんが踊ってた」
「かっこいいなあ」「僕たちも運動会で踊るんだよね？」

5月〜7月：5年生が保育園に来てくれる〈毎週20分休みに〉
「名前を覚えてもらったよ」「お姉さんの名前も覚えたよ」
「野菜ができたのを見せてあげたいな」「歌聞いてほしいな」

9月〜10月：5年生に園庭でソーラン節を教えてもらう
「僕のお兄さん先生はK君」「私のお姉さん先生はAさん」
「保育園だからやさしい踊り方なんだって」
「じょうずってほめられてうれしかった」「やさしく教えてくれたよ」

10月中旬：運動会本番！ソーラン節を踊り、拍手喝さい！

11月〜12月：給食交流〈小学校のランチルーム〉
「ソーラン節うまく踊れたよ」「がんばったね」
「学校の給食っておいしいね」「いっぱい食べる！」
「こうやって用意するんだ」「また一緒に遊びたい」

12月〜1月：遊び交流〈小学校体育館で1年生と〉
「1年生のY君とK君は保育園で遊んだよ」
「たくさん知っているよ、僕も保育園だったよ」
「お店屋さんごっこ、楽しかった」
「いろんなもの1年生が作ってくれたんだね」

2月：小学校見学
「おもしろいね」「いろんなところがある」
「ちょっとドキドキした」「うさぎがいた」
「先生、やさしかった」

達成感・自信

5年生から教えてもらったこと、一緒に遊んだ経験が園生活のなかでも活かされ
年中児や年下の子どもへの思いやりや自分たちも教えてあげたいという気持ちが育まれた

小学校生活への
期待・意欲へ

（天野珠路）

第12講

関係機関等との連携

近年、3歳未満の保育所利用率が急増していることや0～2歳の時期に子どもの発達が著しいことなどを受け、さまざまな子育て家庭のニーズに対応できる保育制度の選択肢として期待されている地域型保育事業の概要や連携について学ぶ。

Step1では、地域型保育の概要や定義について学ぶ。Step2では、0歳児を含む保育の魅力と安全対策、遊びの特徴、保育所等との連携など家庭的保育の実際について理解する。Step3では、家庭的保育のこれからについて考えていく。

Step1

1. 地域型保育事業の概要

2012（平成24）年の子ども・子育て関連3法の成立により、子ども・子育て支援法に基づき、子ども・子育て支援新制度（以下、新制度）が2015（平成27）年4月から施行されている。

新制度では教育・保育施設を対象とする施設型給付・委託費に加え、都市部における待機児童解消とともに、子どもの数が減少傾向にある地域における保育機能の確保に対応するため、地域に密着した小規模な認可事業（地域型保育事業）が創設され、児童福祉法に位置付けたうえで、小規模保育事業、家庭的保育事業、事業所内保育事業、居宅訪問型保育事業が給付の対象となった。

利用者はこの4つの類型のなかから事業を選択することができる。また、利用条件が等しくなるよう、世帯の所得が同じ場合は保育料は同一、給食提供や土曜保育、延長保育が行われている（ただし、実施市町村により、料金や実施体制は異なる。また、給食提供については経過措置を設けている）。

子どもがどの保育形態で保育を受けても、同じ質の保育が担保されるべきであり、地域型保育も保育所保育指針（2017（平成29）年改定）に準じた保育を行うこととされており、その内容をよく理解しておくことが求められる。

2. 地域型保育の定義

地域型保育事業は、児童福祉法（昭和22年法律第164号）第6条の3において定義されている。いずれもの事業においても、3歳未満児の保育内容について規定され、また、人口減少地域などで3歳以上の幼児の保育にかかる体制の整備がないなどの場合には、市町村長の判断により、3歳以上の子どもについても保育を提供することが可能とされている。

小規模保育事業

地域にある空き施設や賃貸住宅等を活用して行われる保育事業

実施主体：市町村、民間事業者など　　認可定員：6〜19人

家庭的保育事業

家庭的保育者の居宅その他の場所で、家庭的保育者による保育を行う事業

実施主体：市町村、民間事業者など　　認可定員：1〜5人

事業所内保育事業

企業が主として従業員への仕事と子育ての両立支援策として実施する保育事業

に、地域の子どもを受け入れる枠を設けて実施する事業

実施主体：事業主など

居宅訪問型保育事業

障害や慢性疾患など個別のケアが必要な場合や施設がなくなった地域で保育を提供する必要がある場合などに、保育を必要とする子どもの居宅で1対1の保育を行う事業。

実施主体：市町村、民間事業者など

3. 保育事業の認可基準について

地域型保育給付を受けるための認可基準は**図表12-1**のようになっている。また、小規模保育事業については、多様な事業からの移行を想定し、3類型の認可基準が設定されている。

図表12-1 地域型保育事業の認可基準

事業類型		職員数	職員資格	保育室等	給食
小規模保育事業[4]	A型	保育所の配置基準＋1名	保育士[1]	0・1歳児：1人当たり3.3m^2 2歳児：1人当たり1.98m^2	・自園調理（連携施設等からの搬入可） ・調理設備 ・調理員[3]
	B型	保育所の配置基準＋1名	1/2以上が保育士[1] ※保育士以外には研修を実施します。		
	C型	0〜2歳児　3：1（補助者を置く場合、5：2）	家庭的保育者[2]	0〜2歳児：1人当たり3.3m^2	
家庭的保育事業		0〜2歳児　3：1（家庭的保育補助者を置く場合、5：2）	家庭的保育者[2]（＋家庭的保育補助者）	0〜2歳児：1人当たり3.3m^2	
事業所内保育事業		定員20名以上…保育所の基準と同様 定員19名以下…小規模保育事業A型、B型の基準と同様			
居宅訪問型保育事業		0〜2歳児　1：1	必要な研修を修了し、保育士、保育士と同等以上の知識及び経験を有すると市町村長が認める者	—	—

* 1　保健師、看護師又は准看護師の特例を設けています（平成27年4月1日からは准看護師を対象）。
* 2　市町村長が行う研修を修了した保育士、保育士と同等以上の知識及び経験を有すると市町村長が認める者とします。
* 3　家庭的保育事業の調理員については、3名以下の場合、家庭的保育補助者を置き、調理を担当することも認めます。
* 4　A型：保育所分園、ミニ保育所に近い類型　B型：中間型　C型：家庭的保育（グループ型小規模保育）に近い類型。
資料：内閣府・文部科学省・厚生労働省「子ども・子育て支援新制度　ハンドブック　平成27年7月改定版　施設・事業者向け　すくすくジャパン！」を一部改変。

Step2

1. 家庭的保育の実際

ここでは地域型保育のなかから家庭的保育の実際を取り上げる。

家庭的保育の特徴

家庭的保育の主な特徴は、①少人数の異年齢保育、②メンバー構成が流動的、③個別的配慮が可能、④多様な人々との交流（異年齢の子ども同士の交流、地域の人々との触れ合い）、⑤個々の家庭の状況に配慮したきめ細やかな子育て支援が可能であることがあげられる。

異年齢保育とは

異年齢保育とは、月齢・年齢の異なる子どもたちを一緒に保育することをいう。保育所では異年齢保育のことを「縦割り保育」という。通常、保育園では年齢別クラス保育（いわゆる「横割り保育」）が多いが、子どもも先生もお休み等で少なくなることが多い夏休みなどに、期間を設けて子どもたちに意図的に異年齢児同士のふれ合いを楽しませるために縦割り保育を行うケースがある。また預かり保育や延長保育の際は毎日縦割り保育を行う園も増えている。

縦割り保育でとまどうのは、子どもよりもむしろ保育者であることが多い。それは異年齢保育をどのように行ったらよいのかわからないからである。同年齢の子どもたちが5人いるのと異年齢児が5人集まるのとでは、保育の難しさは違ってくる。乳児は月齢が1か月違うだけで興味や関心、反応、理解度等に個人差があり、月齢・年齢の違いや個々に応じた言葉がけが必要になってくる。異年齢保育では、一人ひとりの発達の特徴をよく理解したうえで保育を実践していくことが大切である。

異年齢保育の魅力と特徴

0歳児を含む少人数の保育が魅力であり特徴である。年齢の高い子どもは、自分よりも小さい0歳児に対してやってあげたい世話をすることができる。例えば玩具をもってきて、もたせてあげるなどといったやさしい気持ちや思いやりの気持ちが育ち、気配りが自然にできるようになる。また、年齢の低い子どもにとっては、年齢の高い子どもの存在が、自分もやってみたい、あのようになりたいというモデルになる。年齢の高い子どもに対しては「簡単！」「できた！」という気持ちを味わわせ、自信をもたせる機会を与えることにもなる。

また、少人数の保育は応答的なかかわりをもちやすいので、愛着関係や、人間関係も形成しやすい。

　低年齢児の場合はゆったりとした環境で安定した生活リズムを獲得することが重要になってくるので、ある程度幅をもたせたデイリープログラムは、子どもが自分でしようとする気持ちをもつことによって見守り、できない所だけを手伝うことを可能にすることから、子どもの気持ちを尊重した保育として3歳未満児の保育に適している。

2. 家庭的保育の遊びの特徴

0歳児の発達の特徴をつかんだ保育

　生後3か月を過ぎると、まどろみから覚めた赤ちゃんは、年齢の高い子どもたちの遊んでいる声が聴こえると、まるで一緒にいたい、連れて行ってというかのように泣いて訴えてくることがある。自ら移動はできないが、視覚や聴覚などの感覚の発達にともない、聞くこと見ることが楽しくなり同じ場所で年齢の高い子どもと一緒に過ごしたがるようになる。ベッドで過ごす方が良いのか、年齢の高い子どもたちが遊んでいる近くで保育者の見守りの中で過ごす方が良いのか、どちらか心地良い方にする。「赤ちゃんだからできない」といってその活動から排除するのではなく、それぞれの月齢に必要な体験が得られるように、乳児期から子ども同士のかかわりがうまれるような遊びや時間、場を共有する保育内容の工夫が求められる。

　ハイハイが始まると自らの力で移動することができるようになるので、動くことにより、1、2、3歳児と一緒に遊ぶことが可能になる。誤飲、けが、事故防止に気を配りつつ探索活動を充分に保障したい。

写真12-1　聞くのが好き

写真12-2　見るのが好き

1歳児・2歳児・3歳児の保育

　1歳になると自分の意志をもち、2歳くらいになると、自分の思い通りにやりたいという気持ちが強くなり、友だちの使っているおもちゃを引っ張ったり、友達を押しのけて座ろうとする等で、ひっかく、押す、たたく、かみつくなどぶつかり合いも多くなるが、共感的にかかわり、子どもの気持ちを受け入れ「これで遊びたかったのね」「ここに座りたいのね」と言って、「でもね」と子ども自身が自分の気持ちと相手の気持ちに気づき、折り合いがつけられるような方向を目指す。

　異年齢保育は年齢の低い子どもにとっても、高い子どもにとっても、お互いの行動がそれぞれの発達に影響する。

　3歳児は家庭的保育では年長である。3歳児が年長として年齢の低い子どもたちから一目置かれるときは、①一緒に遊んでいて自分よりたくさんできることがあると感じたとき、②一緒に遊んでいて自分の弱さがわかるとき、③一緒に遊んでいてゆずってくれたときなどの場面である。

手作りおもちゃで遊ぶ

　0歳児は、ペットボトルのガラガラ、2指のつまみができるようになれば、ポットン落としやシール貼り遊び、1歳を過ぎると、手首の動きも活発になるので、回す、ひねる、はずす、止める等スナップやボタンを使ったもの、また腕を大きく動かすことができるようになるので、布や紐など引っ張り出すものや、チャックの開け閉めなどの遊びをする。2、3歳になると見たて遊びやごっこ遊びも盛んになるので、色や形が単純で子どもがイメージを加えやすいもの、例えば、フェルト布1枚でも、子どもはお皿や食材に見立ててお料理を作り始め、保育者が意図していたこととは違う遊びを展開することもある。

写真12-3　手作り玩具のいろいろ

　手作りおもちゃは、子どもの発達段階に合わせて保育者が作るため、子どもは想像力を働かせていろいろな遊び方をする。

児童文化財を活用してみんなで遊ぶ

　リズム遊び、手遊び、ペープサート、パネルシアター、お皿シアター等の遊びは、児童文化にふれ、みんなで歌ったり、踊ったり、笑い合えるので複数の子ども

が楽しめる遊びである。0歳児も身体をゆすったり、リズムをとったりして遊ぶなどそれぞれの発達段階に合わせた楽しみ方をする。0歳児は、歩行が確立すると一緒にリズム遊びもできるようになる。

地域全体を保育の場として活用する

家庭的保育の質を高めるために、いかに地域を活用するかも大切なポイントになる。公園、図書館、児童館、地域の商店街を探索したり、地域のさまざまな年齢の方々や同じ地域の事業者と交流し、子どもが育つ地域を作っていくことは、保護者の安心にもつながる。また、保育所、幼稚園、認定こども園等連携施設での集団活動の体験、行事、給食体験などは、保育者にとっても栄養士や看護師等の専門職から新しい情報を得たり、保育や子どもの発達等に関する相談等、支援を得ることができる大切な取り組みである。

写真12-4 人形劇鑑賞

保護者に対する親密な子育て支援

子どもの日、夕涼み会、クリスマス会、遠足等の年間行事を通して保育を利用する保護者同士の交流を深め、懇談会の開催で、保護者と保育者のつながりを深め、朝夕の送迎時の会話や連絡帳や季節ごとに発行する「おたより」等を通して子どもの様子について情報を共有し、保護者に対する支援を行う。

写真12-5 夕涼み会記念撮影

3. 家庭的保育の安全対策と連携

何よりも大切にしたい安全対策

保育所保育指針には「事故防止の取組を行う際には、特に、睡眠中、プール活動・水遊び中、食事中等の場面では重大事故が発生しやすいことを踏まえ、子どもの主体的な活動を大切にしつつ、施設内外の環境の配慮や指導の工夫を行うなど、必要な対策を講じること」(第3章　環境及び安全　3　環境及び衛生管理並びに

安全管理 (2) 事故防止及び安全対策 イ）とある。

　乳幼児を対象としている家庭的保育においては、保育中は常に子ども全員の動きを把握（はあく）し、職員間の連携を密にして子どもたちの観察の空白時間が生じないようにする。

(1) 健康観察チェック表の活用

　0歳児は心身の機能の未熟さにともなう疾病（しっぺい）の発症が多いことや、感染症にかかりやすいことから、1日を通して保健的な対応を行うことが必要である。低年齢児に多いSIDS（乳幼児突然死症候群）や乳児窒息死、病死等の睡眠中における死亡や事故に対する安全対策として、午睡（ごすい）中は5分おきに子どもたちを観察し、あお向け寝の徹底と呼吸確認を行うことを推奨（すいしょう）している。

(2) 安全に十分配慮された保育環境の整備

　家庭的保育では、保育のために作られた施設を使用するわけではない。一般家庭の居室やその他の場所を保育室として活用することから、幼い子どもの状態をふまえつつ、衛生的で安全な保育環境を整えなければならない。ベビーベッドや家具等の配置、生活用具や備品の保管、空調や採光など、子どもの安全を第一に室内の環境を工夫し、安全管理に努めていく。保

写真12-6　ベッドの置き場所の例

育所保育指針では「子どもの活動が豊かに展開されるよう、保育所の設備や環境を整え、保育所の保健的環境や安全の確保などに努めること」（第1章　総則　1 保育所保育に関する基本原則　(4)　保育の環境）と保育環境についての留意点（りゅういてん）を示している。家庭的保育についても大切にしたい点である。

保育所等との連携

　家庭的保育の事業者は、認定こども園・保育所・幼稚園等の連携施設を確保しなければならない。なお、連携施設の確保については、2019（平成31）年度末までの経過措置が認められている。連携の主な内容を以下にあげる。

(1) 集団保育の経験

　ふだんは家庭的保育できめ細やかな保育を受けながら、保育所等の園庭においてのびのび遊び、大勢の子どもたちと集団保育を体験することができる。

(2) 情報提供、相談支援

　保育に関する情報はもとより、保育所等から新しい情報提供を受けたり、さまざ

図表12-2　健康観察チェック表

健康観察チェック表　　（適切な温度・湿度）　冬20℃〜23℃　夏26℃〜28℃　外気温との差2℃〜5℃　湿度50%〜60%

項目／名前	検温	機嫌	鼻汁	目やに	皮膚	咳	便性(時間)	備考	仮眠・午睡チェック時間											室温 ℃ / 記録者名	湿度 %
歳	： ： ：	良□ 悪□	無□ 有□	無□ 有□	無□ 有□	無□ 有□		： ：	5	10	15	20	25	30	35	40	45	50	55	
歳	： ： ：	良□ 悪□	無□ 有□	無□ 有□	無□ 有□	無□ 有□		： ：	5	10	15	20	25	30	35	40	45	50	55	
歳	： ： ：	良□ 悪□	無□ 有□	無□ 有□	無□ 有□	無□ 有□		： ：	5	10	15	20	25	30	35	40	45	50	55	
歳	： ： ：	良□ 悪□	無□ 有□	無□ 有□	無□ 有□	無□ 有□		： ：	5	10	15	20	25	30	35	40	45	50	55	
歳	： ： ：	良□ 悪□	無□ 有□	無□ 有□	無□ 有□	無□ 有□		： ：	5	10	15	20	25	30	35	40	45	50	55	

（左欄：平成　年　月　日（　）／天気）

子どもの睡眠時には5分ごとに観察し、呼吸確認後にチェックを入れておきます。
年齢の低い子ども、預かり始めの時期、体調が悪いときは特によく観察しましょう。

出典：NPO法人家庭的保育全国連絡協議会「家庭的保育の安全ガイドライン」2012.

まな職種から必要な助言を得たりすることができる。

（3）代替保育

　家庭的保育者が休みを取るとき、子どもたちが遊びに行っている保育所等での代替保育も可能となる。

（4）満3歳以上の保育の受入（一定年齢に達したときの受入先として）

　例えば、家庭的保育を受けている子どもたちを保育所等に連れて行くと、あこがれでありモデルともなる4歳、5歳の幼児の存在が魅力の1つになり、一緒に遊んだり、子ども同士の交流が深まることもある。また、保護者にとっても、保育所等の連携施設の存在や活用は、家庭的保育事業への安心感や信頼感につながる。しかし、連携施設の設定は、原則として家庭的保育事業者にまかされており、連携施設の確保が困難な地域もあり、自治体の協力と支援が不可欠といえる。連携施設は家庭的保育が地域に根差し、地域の保育資源とともに、同じ質の保育を子どもたちに保障していくために重要な場所であり、保育施設と家庭的保育の交流は地域における保育のネットワークづくりにもつながっていく。

Step3

1. 家庭的保育のこれから

利用者の満足度の高い家庭的保育

「家庭的保育、居宅訪問型保育等 多様な保育を必要とする利用者の意識とニーズに関する調査研究」（主任研究者 尾木まり）によると、保育者、保育者との関係、保育内容、保育環境等について家庭的保育の利用者の満足度は「非常に満足」「やや満足」を合わせて9割を超している。また、3歳以下の子どものための保育のあり方として地域型保育事業は、個別保育における優位性などから、とりわけ0歳児を含む低年齢児の保育ニーズに適した特性をもつ保育であることが本研究により明らかになっている。

待機児童が徐々に解消され、3歳以降の保育の受入先として、保育所や幼稚園、認定こども園に入所できる環境が整えば保護者は家庭的保育を選択しやすくなると考えられる。待機児童対策として設けられた側面もある地域型保育であるが、それだけでなく、低年齢の子どもにふさわしい保育の場として認知されつつある。実際、家庭的な保育環境で個別性に配慮しながら、丁寧な保育をすることの意義は大きく、幼い子どもの育ちと保護者の子育てを支えている。また、地域に根付き、地域のなかで子どもたちがさまざまな人や場と交流することを大切にしている保育であるから、人間関係を構築することが求められる現代の子どもたちにとって今後ますます必要度が増してくることだろう。

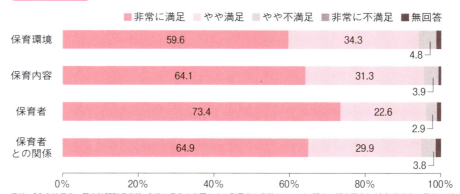

図表12-3　家庭的保育における満足度

資料：「家庭的保育、居宅訪問型保育等 多様な保育を必要とする利用者の意識とニーズに関する調査研究」（主任研究者：尾木まり）一般財団法人こども未来財団、平成25年度

2. 保育士の新たな職業選択の一つとして

さまざまな保育施設等を経験したうえでも

　家庭的保育や小規模保育で働く人が増え、各地で行われる研修に参加する機会も増えている。雇用形態や保育形態が多様になったことにより、保育者の若年化の傾向もある。家庭的保育は出産、育児を経て、ライフスタイルに応じて行うことができる保育でもある。家庭的保育者の努力しだいで保育内容を豊かにすることができ、独自性を加えることもできる。また自分が温めていた子どもや保育への思いを豊かに体現させることができる。自分のキャリアとして積み上げてきたものがすべて活かせる保育である。これまでは、幼稚園、保育所、認定こども園等での経験しかカウントされてこなかったが、子ども・子育て新制度では保育士資格加算はもちろん、家庭的保育の経験年数もカウントされるようになり、給食が始まり、嘱託医も設けることができた。また、補助者を多く雇用することができ、施設整備に多くの予算を充てることができるようになったため、安全面への配慮も行き届くようになり、社会保険加入など将来性のある家庭的保育になっている。

　保育士として保育所や乳児院、児童養護施設等さまざまな保育現場でキャリアを積み、新たな職業選択の一つとしてその経験を家庭的保育で活かしてほしい。

3. 質の高い家庭的保育の必要性

　法定化にともない家庭的保育の研修体系が家庭的保育事業ガイドラインで示された。また、子ども・子育て支援新制度では、国で定めた子育て支援員研修の受講を求めている。日々保育を担う家庭的保育者の責任は重く、自己研鑽を積み、保育の専門性を高め、たゆみない努力とさらなる質の向上が求められる。

基礎研修について

　家庭的保育は、3歳未満児を対象とし、その年齢構成が年間を通じて一定ではないケースがほとんどである。また、保育を行う場所は、保育をするために作られた施設を使用するわけではない。一般家庭の居室や、その他の場所や施設を活用する。保育士資格があればできる、保育所での勤務経験があればできるというものではなく、保育所保育とは異なる専門性が求められる。

　就業前に基礎研修を受けることにより、家庭的保育は母親代わりの託児ではな

く、保育所と同様の役割を担うこと、その保育内容は保育所保育指針に準じて行うことなどについて学ぶ。

参考文献

- 家庭的保育研究会編『家庭的保育の基本と実践第3版家庭的保育基礎研修テキスト』福村出版，2017.
- 家庭的保育研究会編『地域型保育の基本と実践——子育て支援員研修〈地域保育コース〉テキスト』福村出版，2018.
- 内閣府・文部科学省・厚生労働省「子ども・子育て支援新制度ハンドブック　平成27年7月改訂版　施設・事業者向け　すくすくジャパン」
- 平成25年度児童関連サービス調査研究など事業「家庭的保育，居宅訪問型保育等　多様な保育を必要とする利用者の意識とニーズに関する調査研究」（主任研究者 尾木まり）　一般財団法人こども未来財団，2014.
- NPO法人家庭的保育全国連絡協議会作成　パンフレット「もっと知りたい家庭的保育 改訂版」2014.
- NPO法人家庭的保育全国連絡協議会「家庭的保育の安全ガイドライン」2012.
- 厚生労働省「保育所保育指針」2017.
- 厚生労働省「保育所保育指針解説」2018.

COLUMN　多様なニーズに即した保育形態

　わが国の保育制度は認可保育所がその中心的な役割を果たしており、全国に質の高い保育環境が整備されている。設立当初から量的整備が課題であったが、新制度では地域型保育事業が創設され、それまで「出産・育児」か「仕事」かという二者択一を迫られる状況が多かった女性には、仕事も子育ても楽しめるようになり、保育制度の歩みを思うと感慨深いものがある。

　しかし、子どもがどの保育形態で保育を受けても安全性や保育内容に差異があってはならないので、地域型保育の責任はますます重いと考えている。少人数で小規模の空間で行われる家庭的保育は、目がよく行き届き、子ども一人ひとりの個別性に配慮した応答的なかかわりにより、愛着関係や人間関係が形成しやすいというメリットがある。このような家庭的保育のよさを次世代に繋げていくようにしたい。

（鈴木道子）

第13講

資質向上に関する
組織的取組

　保育の仕事に限らず、どのような職種においても、仕事の質を
上げていくためには、日々の業務を行いながらも、少しずつ工夫
したり、改善点を見つけたりということを繰り返していくことが
必要である。まずは自分自身という個人で行うことが大切であり、
それを職場で組織的に取り組んでいくことも大切である。

　本講では、保育所保育指針「第5章　職員の資質向上」をふま
え、「資質向上に関する組織的取組」の考え方について述べる。

Step 1

1. 資質向上とは

　保育士は、一日の大半を子どもと接して日々の保育を進めることが仕事である。また、それを支える指導計画、記録、次の日の準備、それ以外の事務的処理なども含めて一日の仕事を終える。新人保育士として勤務し始めたばかりの頃は、無我夢中で日々の保育にたずさわり、事務的な業務もどのようにすれば効率よく進めることができるかがわからずに仕事を進めていく。日が経ち、経験を積み重ねていくことによって、徐々に余裕が生まれ、段取りがわかり、効率よく日々の仕事ができるようになる。

　保育士の一日の仕事のなかで、基本的に毎日同じことにはどのようなことがあり、そうではないことにはどのようなことがあるだろうか。前者は、型どおりの手順や、決まりきった仕事として「ルーティンワーク」と呼ばれる。たとえば、出勤退勤時にタイムカードを押す、保育室の窓やカーテンを開ける、給食の準備や片づけをするなどがある。一方で、指導計画や記録等は記入していく手順があっても書く内容は同じではない、子どもと接するときも毎日同じではない、次の日の保育の準備も必ずしも同じではないなど、保育士の仕事の大半は毎日同じではないので、それらすべてにうまく対応していけるようになるには、時間がかかる。

　そのような視点に立つと、保育士の資質向上とは、子どもと接して日々の保育を進める力、それを支える指導計画や記録等を書く力、事務的な処理を行う力などがついてくることが必要不可欠である。保育士としてできることが増えてきたり、浅くしかわかっていなかったことが徐々に深くわかるようになってくること、一つひとつの業務の意味やつながりがわかり、業務内容を広く見渡せるようになってきたり、先を見通すことができるようになってきたりすることが保育士の資質向上を支えることになる。さらには、保育所保育指針（以下、保育指針）に書かれていることと、目の前の子どもの姿が結びついたり、子どもの発達のことがわかって接することができるようになってきたり、というように専門的な知識と日々の実際の保育が結びついてくると、「専門性の成長・向上」ともいえる。このように、保育の資質向上には、単に日々の仕事ができるようになることだけでなく、専門性の成長・向上の視点も含めてとらえる必要がある。

2. 個々の保育士の資質向上のために

　保育指針の「第5章　職員の資質向上」には、「1⑴　保育所職員に求められる

専門性」として次のように示されている。

> 子どもの最善の利益を考慮し、人権に配慮した保育を行うためには、職員一人一人の倫理観、人間性並びに保育所職員としての職務及び責任の理解と自覚が基盤となる。
> 各職員は、自己評価に基づく課題等を踏まえ、保育所内外の研修等を通じて、保育士・看護師・調理員・栄養士等、それぞれの職務内容に応じた専門性を高めるため、必要な知識及び技術の修得、維持及び向上に努めなければならない。

　保育所には保育士以外の職員も勤務しているが、それぞれの立場で専門性を高めるために「自己評価に基づく課題」を把握し、それをふまえて、「必要な知識及び技術の修得、維持及び向上」を図っていくことが求められている。

　「自己評価に基づく課題」を把握するためには、毎日の保育実践を行うだけでなく、振り返り、次への改善点を見出していくことが必要である。そのため、「第1章　総則」の「3　保育の計画及び評価」には「(4)　保育内容等の自己評価」として次のように示されている。

> ア　保育士等の自己評価
> 　(ア)　保育士等は、保育の計画や保育の記録を通して、自らの保育実践を振り返り、自己評価することを通して、その専門性の向上や保育実践の改善に努めなければならない。
> 　(イ)　保育士等による自己評価に当たっては、子どもの活動内容やその結果だけでなく、子どもの心の育ちや意欲、取り組む過程などにも十分配慮するよう留意すること。
> 　(ウ)　保育士等は、自己評価における自らの保育実践の振り返りや職員相互の話し合い等を通じて、専門性の向上及び保育の質の向上のための課題を明確にするとともに、保育所全体の保育の内容に関する認識を深めること。

　このことから、保育士は「保育の計画や保育の記録」において、「子どもの活動内容や結果」とともに「心の育ちや意欲、取り組む過程」について振り返り、自己評価し、「専門性の向上及び保育の質の向上のための課題」を明確にして、保育実践を改善していくことが求められている。そして、それは個々の保育士一人ひとりが行うだけでなく、「職員相互の話し合い等」によって明確にしていくことが求められている。

3. 組織的な取り組み

　前述したように、保育士の資質向上は、一人で行うだけでなく、保育所全体で組織的に取り組むことが必要である。保育指針の「第5章　職員の資質向上」には

「1(2)　保育の質の向上に向けた組織的な取組」として次のように示されている。

> 　保育所においては、保育の内容等に関する自己評価等を通じて把握した、保育の質の向上に向けた課題に組織的に対応するため、保育内容の改善や保育士等の役割分担の見直し等に取り組むとともに、それぞれの職位や職務内容等に応じて、各職員が必要な知識及び技能を身につけられるよう努めなければならない。

　保育の質の向上のための組織的な取り組みの１つが「研修」である。保育に関する技術向上を目的とした研修、保育士資格を取得するときに学んだ保育の専門的知識をより広げ、深めていくための研修、新たな専門的知識を獲得したり、技能を向上させたりするための研修など、職場の内外の研修を通じて学びを組織的に積み重ねるしくみによって、その保育所に勤務する職員全体の資質向上が図られていく。そのため、保育所においては職員それぞれの職務内容や職位に応じて体系的な研修計画を作成することが求められている。

4. 組織的な取り組みを支える同僚性

　個々の保育士が資質向上の意識が低かったり、同僚として働く保育士同士のコミュニケーションが取りにくかったりする状況であれば、体系的な研修計画があっても、組織としてうまく機能しない。そのため、各保育所においては職員集団の同僚性を高めることが求められている。保育指針の第５章には「3(1)　職場における研修」として次のように示されている。

> 　職員が日々の保育実践を通じて、必要な知識及び技術の修得、維持及び向上を図るとともに、保育の課題等への共通理解や協働性を高め、保育所全体としての保育の質の向上を図っていくためには、日常的に職員同士が主体的に学び合う姿勢と環境が重要であり、職場内での研修の充実が図られなければならない。

　上記のことが実現するためには、どうすればよいだろうか。「保育の課題の共通理解」「職員同士が主体的に学び合う姿勢」のためには、日頃から自分の課題や園の課題を気軽に相談したり、職員間で対話を通して子どもや保護者の様子を共有したり、保育のなかで見られた子どもの姿を肯定的に語ったりすることができる同僚性が育まれることが必要である。また、研修の場が、受け身ではなく、どの職員も主体的に参加でき、対話を通して気づきが生まれ、学びの広がりや深まりが生まれるような工夫を行うことが必要である。

Step 1

　同僚性とは、このように資質向上のために保育士同士が互いに支え合い、互いに高め合っていくような職員同士の関係性といえる。そのためには、対等な関係性、共感しあう関係性のもと、情報や実践知を共有し、より建設的で実践が高まるような知恵を出し合える関係構築が必要である。日常的に若手職員も経験年数を重ねた職員も互いに育つように指導や助言をし合ったり、支え合ったりする関係をつくることが大切である。

　同僚性のもつ機能として「教育活動の実践を支える機能」「成長（力量形成）を支える機能」「癒しの機能」があり、この３つの機能が有機的に絡み合うことで、組織としてよりよいものになっていく（紅林、2007）。そのために、職員が安心して日々の保育を進めるだけでなく、日々の保育のことや子どもの様子などを語り合ったり、互いの保育を見合ったりしながら、専門性の向上を図っていくような取り組みも組織的に行うとよい。それらを意識的に行っていくことで、職場の文化や風土が新たに再構築されていく。

　しかしながら、現代の保育士の仕事は多忙で、互いにゆったりと日常的な話をする時間も確保しにくい実状がある。また、対人関係の仕事は感情労働でもあり、ストレスにもさらされやすい。資質向上をささえるためにも、その基盤となる職場内のよりよい関係性を構築し、悩みやストレスを気軽に相談できるような同僚性の構築が求められている。

Step2

1. 職員間の連携・協働と同僚性

　Step 1 では、同僚性について考えたが、それがうまく機能するためには、職員間の連携と協働して働く意識をそれぞれの保育士がもつことが欠かせない。たとえば、012歳児クラスでは、1つのクラス内に複数の担任がいてリーダー的役割を果たす保育士、それをサポートする役割の保育士がいる。また、保育士はシフトで勤務体制が組まれていることが多く、早出、通常出勤、遅出のしくみがあるところや、3歳以上児のクラスでも正規保育士とパート保育士とでペアを組んでいる保育所も少なくない。そのため、保育所全体の職員間の連携と協働だけでなく、1つのクラスのなかでもそれらを密に図る必要がある。このように保育士は、チーム（仲間、同僚）として仕事を進めていく意識をもつことが大切である。

　実際に保育を進めるなかでどのような連携や協働があるだろうか。

　その日の保育の流れや、それにともなう役割分担の共通理解は前日か朝一番に済ませておく必要がある。また、実際にその日の保育が始まると、それぞれの役割を果たすことが必要だが、そのときに、一声「給食取りに行ってきますね」「～しておきますね」といったことばをかけると、ペアで組んでいる相手が何をしているかを把握できるが、無言のままだと相手のことが把握できなくなってしまう。また朝、子どもを受け入れたときに、保護者から聞いた伝言をペアの保育士や、必要に応じて主任等に伝えておくことも大切な連携といえる。保育室内で製作活動をする際は協働が必要だが、リーダー的役割を果たす場合でも、サブとしての役割を果たす場合でも、互いに声をかけ合いながら、どうするとよりよいのかを考えていく必要がある。

　そのようなことがうまくいくためには、保育士一人ひとりが連携・協働して働く意識をもつことが大切である。そういうことが円滑にいく組織においては、より同僚性が高まりやすくなる。

2. 園内研修による資質向上の取り組み

　保育現場における保育士は子どもとかかわって保育を進めることが主たる仕事内容であり、ローテーション勤務体制、土曜日も開所しており、年末・年始も、年度末・年度初めも開所しているので、必要な会議もなかなか時間が確保しにくいしくみになっている。それでも、保育の質の向上のためには、研修時間の工夫により、園内研修を行ったり、外部研修（職場外研修）に参加してきた職員からどのような

学びがあったのかを報告する機会等を設けている保育所も多数ある。2017（平成29）年3月の保育所保育指針（以下、保育指針）の改定では、そのような研修を充実させようと、第5章に次のように示されている。

3　職員の研修等
（1）　職場における研修
　　職員が日々の保育実践を通じて、必要な知識及び技術の修得、維持及び向上を図るとともに、保育の課題等への共通理解や協働性を高め、保育所全体としての保育の質の向上を図っていくためには、日常的に職員同士が主体的に学び合う姿勢と環境が重要であり、職場内での研修の充実が図られなければならない。
（2）　外部研修の活用
　　各保育所における保育の課題への的確な対応や、保育士等の専門性の向上を図るためには、職場内での研修に加え、関係機関等による研修の活用が有効であることから、必要に応じて、こうした外部研修への参加機会が確保されるよう努めなければならない。
4　研修の実施体制等
（1）　体系的な研修計画の作成
　　保育所においては、当該保育所における保育の課題や各職員のキャリアパス等も見据えて、初任者から管理職員までの職位や職務内容等を踏まえた体系的な研修計画を作成しなければならない。
（2）　組織内での研修成果の活用
　　外部研修に参加する職員は、自らの専門性の向上を図るとともに、保育所における保育の課題を理解し、その解決を実践できる力を身に付けることが重要である。また、研修で得た知識及び技能を他の職員と共有することにより、保育所全体としての保育実践の質及び専門性の向上につなげていくことが求められる。
（3）　研修の実施に関する留意事項
　　施設長等は保育所全体としての保育実践の質及び専門性の向上のために、研修の受講は特定の職員に偏ることなく行われるよう、配慮する必要がある。また、研修を修了した職員については、その職務内容等において、当該研修の成果等を適切に勘案されることが望ましい。

　研修には、自分自身で行う「自己研鑽」、職場で行う「園内研修：OJT（on-the-job-training）」、職場を離れて職務として行う「職場外研修：Off-JT（off-the-job-training）」があり、それらは単に新たなことを学ぶだけで終わってはならない。自己や職場の課題をふまえて、研修で学び、それが保育所全体としての保育実践の質および専門性の向上につながっていくようにしていく必要がある。そのためにはしくみとして「初任者から管理職員までの職位や職務内容等をふまえた体系的な研修計画」が作成されるだけでなく、「日常的に職員同士が主体的に学び合う姿勢と環境」を職員集団全員でつくっていくことが必要である。

3. 省察的実践者としての保育士

園内外の研修が充実しても、それがより有効に機能するためには、保育者自身の「自己研鑽」が必要である。何か本を読んだり勉強するだけではなく、日々の保育のなかで自分のかかわりや言葉がけを振り返ったり、保育の展開を工夫したり、改善したりしていくなかで、「こういうことを次は意識しよう」という考えが柔軟にもてるようになる。そのためには、日々の子ども理解をていねいに行うことも大切である。そのため、保育者は「省察的実践者」と呼ばれる。省察的実践者（reflective practitioner）とはショーン（Schön, D.）により提唱された新しい専門家像である。ショーンは福祉職や教師などの実践的な専門家の本質は、複雑で複合的な問題をもつクライアントに対して「行為のなかの省察（reflection in action）」に基づいて対処することであると述べている。「行為のなかの省察」とは、専門家がもともともっている専門的知識や技術を駆使してクライアントに対して援助（行為）を行い、その援助（行為）の最中に子どもの反応やその背景などの状況を把握しながら、瞬間的に自分の行動や考えを振り返り問題の本質をとらえ直して、新たな解決方法で探り、援助を行うことである。また、「行為のなかの省察」は援助を実践しているなかでの省察だけでなく、実践後に省察する行為についても含まれている。

日々の保育を振り返り、省察することによって、新たな自己課題が見つかり、その課題を解消しようと工夫することが個々の保育者の保育の質を高めることにつながる。

4. 幼稚園、認定こども園

Step 1、Step 2 で述べてきたことは、保育指針に基づくものであるが、保育士だけでなく、幼稚園で勤務する幼稚園教諭も、認定こども園に勤務する保育教諭も同じように省察的実践者として保育の質を高めていく必要がある。そして、幼稚園も、認定こども園も資質向上に関する組織的取り組みが必要であり、そのための同僚性を育み、園内研修等の充実を図る必要がある。

保育指針には、「第5章　職員の資質向上」の章があるのに対し、「幼稚園教育要領」「幼保連携型認定こども園教育・保育要領」には、その記載がないのは、その背後にある法令の違いでもある。幼稚園教諭、保育教諭は「学校教育法」に基づくので、それに関連する「教育公務員特例法」で「研修、研修の機会」「初任者研修」

「中堅教諭等資質向上研修」「研修計画の体系的な樹立」について記載されている。また、2009（平成21）年度から教員免許更新制がスタートしている。そこでは「教員免許更新制は、その時々で教員として必要な資質能力が保持されるよう、定期的に最新の知識技能を身に付けることで、教員が自信と誇りを持って教壇に立ち、社会の尊敬と信頼を得ることを目指すものです」とされており、10年間の有効期間が定められ、10年ごとに免許状更新講習を受ける必要がある。幼稚園教諭や保育教諭は、このような制度のもと研修等が行われているので、「幼稚園教育要領」「幼保連携型認定こども園教育・保育要領」には「研修」の記載がない。

しかしながら、日々の保育を行い、その質の向上のためには、より日常的に、子どものことや保育のことを話したり、学んだりする機会が組織的に行われるような同僚性と組織文化を構築する必要がある。

Step3

1. 園内研修で同僚性を高める

　同僚性を高める１つの方策が園内研修（OJT）である。職場には、これまでの経験や知っている知識、それぞれのもつ技術（スキル）が違う多様な人材がいる。そのため、同じ場面や状況でも対応の仕方が違ったり、とらえ方が違ったりする。だからこそ、保育や子どもに対する価値観の共有を図ることや成長（力量形成）の機会が必要である。そこで、次に２つの園内研修の実践例を取り上げ、理解を深める。

2. 園内研修の実践例

実践例 1

　「あなたは、１年間の保育を通して何を育てたい？」をテーマに２〜３人で意見交換してみよう。（10分間）
＊担任をもっている場合は、自分のクラスの１年間を想定して。
＊学生の場合や担任をもっていない場合は、イメージしやすいクラスや、卒園までの子どもをイメージしてもよい。

　このようなことを10分間話し合ってみるだけでも、園内研修になる。たった10分の話でも、自分が大切にしていること、相手が大切にしていること、そして互いの保育観の共通性や力点の置き方の違いに気づくことができる。

　その考え方や大切にしていることの違いは、具体的な行動に表れる。例えば、子どもの着替え場面で、自分でできるようにサポートしようとするのか、すぐに手伝うのかの行動の違いは、その場面で「子どもが自分でしようとする気持ち」を重視しているか、その後の保育の流れを考えて段取りを重視しているのかという考え方の違いでもある。10分間でも実践例1のような話をするだけで、その気づきが生まれ、相互の考え方や特性の理解が進み、同僚性を育むことにつながる。

実践例 2

　「水を使った遊び」を４〜５人で１グループになり、いろいろなアイデアを出してみよう。夏場のプール等での水を使った遊びでも、色水の遊びでも、冬場の氷作りでも何でもよい。１人３つのアイデアを出してみよう。それぞれが付箋紙にアイデアを書いて出し合います。付箋紙１枚にアイデア１つを書きます。（記入時間５分、下記の整理で20分）

＊似た遊びや関連した遊びをグループ化して、整理・分析しよう（KJ法）。
＊さらに「子どもの発達」に応じて、遊びの段階を整理しよう。

このようなワークは、発想を広げ、多様な視点をもって、遊びのレパートリーを増やすのに役立つ。新人・若手保育士は経験年数が浅いため、水遊びといってもレパートリーを豊かにもっているわけではない。そのため、その保育所で行われている水を使った遊びを知るだけではなく、視野を広げることにもつながり、さらには子どもの発達に応じて「水遊び」をとらえることにもつながる。このようなアイデアを出すことは、別の見方をすると水遊びの教材研究といえる。経験を積み重ねた保育士も、視野が広がったことで、「こんな遊びやってみたい」「そのためには、こういうもの（物的環境）を用意するとよいかな」と考える機会にもなる。

　そのような教材研究を行うことは、子どもの遊びを豊かにすることにもつながり、保育所全体の資質向上にもつながっていく。

3. 園内研修を行う際の工夫や配慮

　園内研修を行うにあたって、組織的な取り組みになるためには、一人ひとりが参加者意識（当事者意識）をもつことが大切である。そのためには、資料等を読み合うだけよりも、自分の実践と結びつけることで、能動的になる。さらに、少人数のグループワークを取り入れることで、意見や考え、経験などの対話による表出が生まれやすくなる。それらを口頭で伝え合うだけでも効果的だが、さらに付箋紙や模造紙に書き出したりすることで、それぞれの意見や考え、経験などの可視化につながる。そして、その結果として園内研修後に、視野や考え方が広がったという明るい見通しがもてるように進めていくことが大切である。研修中にたくさんの気づきが生まれ、「自分の見方や考え方、とらえ方や発想のレパートリーが増えた」という実感をもてると、より主体的に研修に取り組んでいくことができる。

　そのためにも、園内研修においては話しやすい場、気楽に意見やアイデア、思いつきなどが言える空気感・雰囲気をつくることが必要である。自分の意見やアイデア、質問などを出したりするときには、「こんなこと言っていいのかな？」「質問していいのかな？」「間違っていないかな？」「笑われないかな？」「責められないかな？」と感じている。そんなときに否定されると、次から意見や質問などを出せなくなってしまうので、そうならないように配慮していく必要がある。

参考文献

● イムラ・シラージ・エレーヌ・ハレット，秋田喜代美監訳『育み支え合う保育リーダーシップ——協働的な学びを生み出すために』明石書店，2017.

● 秋田喜代美，那須信樹編『保育士等キャリアアップ研修テキスト7　マネジメント』中央法規出版，2018.

● 今井和子編著『主任保育士・副園長・リーダーに求められる役割と実践的スキル』ミネルヴァ書房，2016.

● 紅林伸幸「協働の同僚性としての《チーム》——学校臨床社会学から」『教育学研究』第74巻第2号，pp.174-188，2007.

● 田澤里喜・若月芳浩編著『保育の変革期を乗り切る園長の仕事術——保育の質を高める幼稚園・保育所・認定こども園の経営と実践』中央法規出版，2018.

● 無藤隆編『育てたい子どもの姿とこれからの保育』ぎょうせい，2018.

● 無藤隆・汐見俊幸・大豆生田啓友編著『3法令から読み解く乳幼児の教育・保育の未来——現場で活かすヒント』中央法規出版，2018.

● 矢藤誠慈郎『保育の質を高めるチームづくり——園と保育者の成長を支える』わかば社，2017.

第14講

保育者の専門性の向上と
キャリア形成の意義

保育者の専門性が向上するということはどういうことであろう

か。本講では、保育所保育指針に示される専門性などをふまえな

がら、保育者の専門性の向上の道すじについて考え、代表的な保

育者の発達段階モデルと発達をうながす要因について学習する。

そして、専門性の発達をふまえたキャリアパス、保育士のキャリ

ア形成の実際について学ぶ。

Step1

1. 保育者としての専門性の向上

　保育者は保育者としてスタートしたときから専門家としてふるまうことが求められる。しかしながら、保育者には、保育実践のなかでさらに身につけていくべき専門性がある。いわゆる熟達化と呼ばれるプロセスである。多くの場合、養成校で必要な知識・技術を身につける「養成」の段階を経て、保育者としてのスタートを切る「初任」の段階へと移行する。そして経験を積んで「中堅」となり、さらに「熟達者」となっていくという道すじである。この道すじにおいては、保育者としての経験を積んでいればおのずと身についていくような保育者に共通するものもあるが、一方で固有の保育者に独自の経験があるように、一人ひとり固有の成長もある。また、道すじとしては同じかもしれないが、その移行の時期が具体的に何年目であるとか、何年経験を積んだら次の段階へ進むといったようなものではなく、個人によってさまざまである。

　専門性の向上とは、いったい保育者の何がどのように変化することをいうのであろうか。例えば、初任者と経験のある保育者を比べてみると、保育の教材や遊びについての引き出しの多さであったり、子どもを理解する際の読み取りの深さと広さであったり、子どもへのかかわりの可能性の幅であったりと、知識・技術・実践力の広がりや深まりが異なる。また、他の保育者との関係のもち方、保護者とのかかわりといった人との関係形成力においても違いがあるだろう。保育のなかで困ったことが起きたとき、職場内で困難な状況に陥ったときに、周囲に援助を求めたりする力も必要であり、経験を積むことで適宜行えるようになる。こうしたさまざまな側面での変化・成長が保育者としての専門性の向上と考えられる。

2. 保育者の専門性

　保育所保育指針解説には、保育者の専門性として考えられる専門的知識・技術として図表14-1の6つの項目があげられている。ここでは①発達、②基本的生活習慣、③環境構成、④遊び、⑤人間関係構築、⑥子育て支援に関する知識とそれらを実践するための技術が示されている。例えば、知識としての子どもの発達や基本的生活習慣の獲得について理解し、そのうえでそれを実際の子どもの姿に照らし合わせて、子どもの育ちの見通しとの関係で必要な援助を考え、実践することができるようになることが求められている。また、環境についても、保育所のなかだけではなく保育所外の環境も理解し、そこにある自然環境や遊具、さまざまな素材につい

Step1 Step2 Step3

図表14-1 保育士の専門性の6項目

①	これからの社会に求められる資質を踏まえながら、乳幼児期の子どもの発達に関する専門的知識を基に子どもの育ちを見通し、一人一人の子どもの発達を援助する知識及び技術
②	子どもの発達過程や意欲を踏まえ、子ども自らが生活していく力を細やかに助ける生活援助の知識及び技術
③	保育所内外の空間や様々な設備、遊具、素材等の物的環境、自然環境や人的環境を生かし、保育の環境を構成していく知識及び技術
④	子どもの経験や興味や関心に応じて、様々な遊びを豊かに展開していくための知識及び技術
⑤	子ども同士の関わりや子どもと保護者の関わりなどを見守り、その気持ちに寄り添いながら適宜必要な援助をしていく関係構築の知識及び技術
⑥	保護者等への相談、助言に関する知識及び技術

出典：保育所保育指針解説

て関心をもち理解すること、さらには、それらを子どもの姿に応じて活かすことのできる応用力と環境構成力が必要となる。そして、子どもの興味・関心を理解し、発達の状況やこれまでの経験をふまえ、遊びがより豊かになるように援助するための実践力と、それを支える知識の獲得も求められる。

　このように遊びを援助し、子どもにかかわっていくためには、子どもの姿を受け止め、ときには一緒になって遊び、ときには見守るといったさまざまなかかわりが必要となり、その土台として信頼関係が構築されている必要がある。子どもだけでなく保護者・家庭を支援する役割をもつ保育者は、保護者との関係を構築したうえで、必要とされる相談・助言などの援助を行う。このような関係構築や援助には知識や技術はもちろんのこと、子どもや保護者に寄り添う姿勢や豊かな人間性も求められる。養成校で一通りの知識は得ているものの、それらを実践の場で実際に活かしていくこと、また、実践のなかから新たな知識・技術を獲得することで保育者としての専門性はさらに高まっていく。

　養成段階で獲得すべき専門性には発達の理解、保育にかかわる基本的な事項など一通りの知識のほか、社会人としての基本的な態度が含まれる。時間や期限の遵守、清潔感のある身だしなみを心がけること、ていねいな字、言葉づかいやマナーへの配慮などである。また、他者への思いやりの気持ち、子どもに対する愛情と使命感も実習など養成校での学びを通して獲得していく。

　保育者になってからは、これまでに獲得してきた知識や技術を、保育のなかで適切に判断し実践していくことが求められる。例えば、初任の段階であれば、まず子ども理解に基づいて保育を構想し実践すること、自分の経験したことを保育に活か

第14講 保育者の専門性の向上とキャリア形成の意義

していくことなどで精一杯かもしれない。保育の積み重ねのなかで、しだいに安定して視野が広がり、子ども一人ひとりに対する理解が深まったり、保育の計画と評価の関係を意識して実践するようになる。一通りのことができるようになると、中堅の段階になり、状況に応じた保育の展開や、保護者に対する支援など、今までの保育をふまえて自分なりの保育を構築するようになる。そして段階的に、特別な配慮が必要な子どもの保育の専門性をもって取り組んだり、家庭支援や地域との連携などにも積極的に実践を積んでいく。またほかの保育者とともに働くという経験は養成段階では経験できないことであり、そのなかで、他者を信頼し、必要に応じて頼ること、相手への理解に基づいて協働することを学び、そうした経験のなかから他者への寛容さも育まれていく。

　このように、保育者の専門性は、養成段階から始まり、保育者になってから広がり、深まっていくことが求められる。保育者の専門性は、保育者の年齢などによって評価されるものではなく、経験年数を積み重ねたからといって必ず高まるものでもない。子どもへの対応や保育への取り組みの姿勢を自ら振り返り、子ども、職場の同僚、自分という保育を構成する人の関係が安定するなかで、自分自身の保育を構築していく過程でより高まるものと考えられる。

3. 保育者の倫理観

　保育士が「専門的知識・技術」をもって子どもの保育と保護者への支援に当たることはいうまでもないが、そこには倫理観に裏づけられた「判断」が強く求められる。日々の保育における子どもや保護者とのかかわりのなかで、常に自己を省察し、状況に応じた判断をしていくことが、保育士の専門性として求められる。

　保育士に求められる倫理観については、全国保育士会倫理綱領にその全体像がまとめられている（**第2講参照**）。子どもの最善の利益の尊重、子どもの発達保障、保護者との協力、プライバシーの保護、チームワークと自己評価、利用者の代弁、地域の子育て支援、専門職としての責務についてまとめられたものである。これらの内容を具体的な保育実践との関連で意識し、日々の実践と結びつけて自らの倫理観を構築していく必要がある。

Step 1　Step 2　Step 3

4. 保育者としての成長発達段階

カッツによる成長発達段階

　アメリカのカッツ（Katz, L. G.）は、保育者の新任から 6 年間の専門職としての発達には 4 つのステージがあるとしており、それらは、第 1 段階「生き残り（survival）」、第 2 段階「統合（consolidation）」、第 3 段階「再生（renewal）」、第 4 段階「成熟（maturity）」である。第 1 段階「生き残り」は 1 ～ 2 年目に文字どおり職場で生き残れるかどうかであり、この段階においては自分の思い描いていた保育実践・保育者像とのギャップや、責任の重さ、自己の力量不足などによって思い悩むことがある。そして第 1 段階を生き残ることができた保育者は、そこで得たことを統合し、自己の保育の課題について考えはじめる第 2 段階へと移行する。その後、3 ～ 4 年目には、ある程度保育実践に自信をもち能力を発揮できるようになる一方で、これまでとは異なる保育実践への関心をもち、より効果的に子どもに影響を及ぼすような実践を模索し始める段階になる（第 3 段階）。そして、早ければ 5 年、遅ければ10年以上かかって「成熟」の段階に入る。いわゆるベテランとされる段階であり、自らの経験に基づいて保育に対する信念をもち、高い洞察力と複眼的な視点をもって保育を実践することができる。

　カッツは目安としての年数を提示しているが、異なる文化背景（アメリカの保育者養成と日本の保育者養成のカリキュラムの違い、また、カッツが対象とした保育者にはアメリカの Head Start Program の保育者が含まれており、さまざまな点で背景が異なる）や、また現代日本の複雑な保育の課題、保育者養成の課題をふまえると、必ずしもこの年数どおりに移行していくわけではない。しかし、すべての保育者が最初から完成した状態にあるわけではなく、紆余曲折を経て成長していくことがわかる。

ヴァンダー・ヴェンによる保育者の発達段階モデル

　図表14-2はヴァンダー・ヴェン（Vander Ven）による保育者の発達段階モデルを秋田がまとめたものである。このモデルでは「段階 1 ：実習生・新任の段階」「段階 2 ：初任の段階」「段階 3 ：洗練された段階」「段階 4 ：複雑な経験に対処できる段階」「段階 5 ：影響力のある段階」の 5 つの段階がある。これについては、具体的な年数は特に示されていないし、段階 5 まで進む保育者も一部の保育者である。

第14講　保育者の専門性の向上とキャリア形成の意義

図表14-2	ヴァンダー・ヴェンによる保育者の発達段階モデル

段階1‥実習生・新任の段階	園のなかでまだ一人前として扱われていない。場に参加することから学ぶ段階であり、指示されたことをその通りにやってみるアシスタントとなったり、実際に保育で子どもに直接かかわり援助したり世話することに携わる。実践をその場限りの具体的なこととしかとらえられず、自分自身の過去の経験や価値判断のみで対処することが多く、子どもの発達からその行為の意味やつながりをみることができない。ある状況で起きた行動の原因や生起の過程をいろいろな視点から説明したり、そこから対処の方法を構成的に考えていくような探究をしようとはしない。直線的に単一の原因を考えたり（例：あの子が取り乱しているのは、朝家で何かあったにちがいない）、二分法的に判断したり（例：今子どもは遊んでいるから、学習はしてないのだ）しやすい。 　自分の実経験から、先輩の助言に抵抗しようとすることもあり、経験を重視し、子どもとかかわるのには本で学ぶ必要などないと考えたり、また本を読んでもそれを実際の保育に応用することが困難である。
段階2‥初任の段階	保育者として周りからも認められ、正式に仕事の輪のなかにかかわり始め、徒弟制度のなかで学んでいくようになる。保育室や遊びの場で子どもに直接かかわる場面で主に仕事を行う。理論や学んだことを保育に活かせるようになってきているが、自分の行った行為の理由や説明を言語化することは難しい。自分の行動や環境設定が子どもの発達をうながすことに手応えや誇りを感じるようになり、幼児教育学の知見にも興味をもち始める。 　しかし、子どもたちや親、同僚など他者の要求にしっかり応えたいという思いから、自分自身を過剰に提供し自己犠牲にしてしまう「救済のファンタジー」現象が生じる。熱意や自発性が保育の改善に寄与することもあるが、一方で子どもへ過剰に注目しすぎたり、援助が必要な子どもの要求を拒むことができず際限なく自己を与えてしまうなどの問題も起きてくる。新任期ほど個人的な考え方に偏った行動はとらなくなるが、まだ自分の価値体系に依存しやすい。 　先輩からの助言や指示を積極的にもとめたり受け入れることで変化することが大きいが、助言をうのみにしてしまいがちである。仕事にうちこむほどに何でも役にたちそうな処方箋をもとめるようになるが、その内容を十分に理解し、使いこなせるだけの技能はまだもち合わせていない。他者と一緒に仕事をするときには、自分の実際の能力よりも控えめにして周囲にあわせるので、自らの生産性や創造性を感じにくくフラストレーションを感じることも起きるようになる。
段階3‥洗練された段階	保育者としての専門家意識を強く意識し始めるようになり、実践者として自分を信頼し落ち着きを見せてくるようになる。徒弟ではなく同僚として職場での関係性ができるようになる。いわゆる常識や、自分の子ども時代の経験や保育の基礎知識をそのままあてはめたり主観的印象のみに頼るという次元を越え、現実の事実をよくみることを判断の基礎にできるようになる。だが、まだ保育に直接影響を与えている要因変数をシステム的にとらえたり、日常の実践の複雑な要求に対処する点では、完全に熟達しているというわけではない。よい悪いといった二分法的思考から、現実を事実として評価し、そこで役に立つことや自分の追うべき責任を考えることができるようになる。保育の質に関心を払うようになり、子どもとかかわる保育だけではなく、親や家族、子どもをとりまく関係性にはたらきかけることの必要性を認識するようになる。保育者としての自分の能力を認識できるようになるので、自己犠牲的な立場をとるのではなく、肯定的主張的にふるまうことができる。
段階4‥複雑な経験に対処できる段階	より複雑な問題や状況に対処できる知識や経験を得、個々の断片的知識だけではなく、自らの経験とものの見方の参照枠組みが統合されてくる。保育のスペシャリストとして自律的にはたらくことができる。2つの方向での発達、直接的な実践や臨床的側面でより熟達していく方向と、園経営や他の若手教師の教育、助言など、保育にかかわる間接的文脈に携わる方向のいずれか、あるいはその両方向にかかわるようになる。 　直接的な実践面では、子どもの人格をより深く力動的に読みとったり、また特別な境遇におかれた子どもや家族へ援助したり、個別の集団の要求に応じるシステムづくりをデザインできるようになる。現象のなかにある秩序や規則性をみることができるようになり、相手に合わせながらも自分らしい保育を行うことができるようになり、達成感を得られる。また間接的には子どもとの関係だけではなく、親や社会、行政制度など公的な側面に対し主張的になり、保育を行う財政や経営面にもかかわるようになる。
段階5‥影響力のある段階	中年期から中年期後半にあたり、身体的活動は低下減衰する。しかし、それが新たな発達の機会、実践の複雑さや要求を新たな創造的視点からとらえたり、知恵を発達させるのに寄与する。さまざまな事柄を二分法ではなく相乗作用としてとらえ、より抽象度の高い多様な概念とつなぎあわせて考えることが可能になる。現場の将来の発展を導くような仕事、子どもや家族の生活に影響を与える社会的なさまざまな問題についての条件の改善や保護に対しはたらきかけるようになる。直接子どもにはたらきかけるだけではなく、親や保育者が参加するネットワークや、その社会文化がもっている信念やマクロシステムを強調し、自分の実践の創り手として主張できるだけではなく、ほかのスタッフへの責任も負うようになる。

出典：Vander Ven, 1988に秋田が要約修正加筆。

Step 1

このモデルのなかにはいくつかの発達の側面がある。専門家としてのふるまいや意識、同僚保育者との関係性、子ども理解の方法、子どもへのかかわりの意図や見通し、子どもを取り巻く環境へのはたらきかけ、保育の質への関心などである。

5. 専門性の向上をうながす

保育者としての専門性の向上がうながされるためには、ただ単に経験を積み重ねていけばよいということではない。足りない部分を補ったり、新たな課題についての知識を得たりするという点では研修に参加することも必要である。保育士はほかの同僚保育士との関係のなかで、自分を振り返り、他者をモデルとして成長していく。保育士同士あるいは園長・主任などとのふだんからのコミュニケーションは重要であり、コミュニケーションが取れていることにより、その関係を基盤として、保育についてのアイデアを共有し話し合うこともある。話し合いのなかから自分のアイデアに足りない部分に気づかされたり、目の前にいる子どもたちや自分たちの職場の実践に基づいた話し合いが可能になる。このような対話や話し合いがふだんから行われる雰囲気が職場にあることが大切である。

また、互いの保育についての評価も相互に行われることが望ましい。評価というと保育の批判のように聞こえるかもしれないが、そうではない。互いの保育についてよいところ、検討が必要なところを出し合い、なぜそう思うのか、自分だったらどうするかなど、自分をさらけ出して話し合う関係が大切である。そして互いを尊重する姿勢をもって、協働していくことが必要であり、保育所保育指針の第5章にはこうしたことが規定されている。

Step2

保育士のキャリアパスと専門的成長

　専門性の向上を考えるうえで、保育士としてどのようになっていきたいかという自分なりのキャリアの見通しをもつことが必要である。保育士に必要とされる専門性の領域は多岐にわたるため、すべての領域にまたがって全般的に専門性を高めていくのは理想ではあるが困難をともなう。そこで、保育の基本をおさえたうえで、例えば表現活動や運動遊びなど自分が得意としているところを伸ばしてその領域をきわめていく、あるいは特別支援や子育て支援など課題になっている領域をより深めていくなど、自分の資質や特徴を活かしていくという考え方がある。

　2017（平成29）年に厚生労働省から示された「保育士等キャリアアップ研修ガイドライン」においては、保育士の職務内容に応じた専門性の向上を図ることを目的に、体系的な研修のガイドラインが示されている。これは、保育現場におけるリーダー的職員の育成に関する研修であり、その内容は「専門分野別研修」、「マネジメント研修」、「保育実践研修」の3つの柱で構成されている。

　「専門分野別研修」は、**図表14-3**に示される6つの分野別に、保育所等の保育現場において、それぞれの専門分野に関してリーダー的な役割を担う（担うことが見込まれる）保育者を対象としている。「マネジメント研修」は、上記の専門分野におけるリーダー的な役割を担う者としての経験があり、主任保育士のもとでミドルリーダーの役割を担う（担うことが見込まれる）保育者を対象としている。

　一方「保育実践研修」は保育所等の保育現場における実習経験が少ない者（保育士試験合格者等）、または長期間保育所等の保育現場で保育を行っていない者（潜在保育士等）を対象とした研修である。個々の保育士が自らの保育士としての課題を明確にし、組織のなかでどのような役割が求められているのかを理解して、必要な力を身につけることで、専門性の向上とキャリアパスの構築が結びついていくと考えられる。

Step2

図表14-3 分野別リーダー研修の内容

〔専門分野別研修〕

分野	ねらい	内容
乳児保育（主に0歳から3歳未満児向けの保育内容）	・乳児保育に関する理解を深め、適切な環境を構成し、個々の子どもの発達の状態に応じた保育を行う力を養い、他の保育士等に乳児保育に関する適切な助言及び指導ができるよう、実践的な能力を身に付ける。	○乳児保育の意義 ○乳児保育の環境 ○乳児への適切な関わり ○乳児の発達に応じた保育内容 ○乳児の保育の指導計画、記録及び評価
幼児教育（主に3歳以上児向けの保育内容）	・幼児教育に関する理解を深め、適切な環境を構成し、個々の子どもの発達の状態に応じた幼児教育を行う力を養い、他の保育士等に幼児教育に関する適切な助言及び指導ができるよう、実践的な能力を身に付ける。	○幼児教育の意義 ○幼児教育の環境 ○幼児の発達に応じた保育内容 ○幼児教育の指導計画、記録及び評価 ○小学校との接続
障害児保育	・障害児保育に関する理解を深め、適切な障害児保育を計画し、個々の子どもの発達の状態に応じた障害児保育を行う力を養い、他の保育士等に障害児保育に関する適切な助言及び指導ができるよう、実践的な能力を身に付ける。	○障害の理解 ○障害児保育の環境 ○障害児の発達の援助 ○家庭及び関係機関との連携 ○障害児保育の指導計画、記録及び評価
食育・アレルギー対応	・食育に関する理解を深め、適切に食育計画の作成と活用ができる力を養う。 ・アレルギー対応に関する理解を深め、適切にアレルギー対応を行うことができる力を養う。 ・他の保育士等に食育・アレルギー対応に関する適切な助言及び指導ができるよう、実践的な能力を身に付ける。	○栄養に関する基礎知識 ○食育計画の作成と活用 ○アレルギー疾患の理解 ○保育所における食事の提供ガイドライン ○保育所におけるアレルギー対応ガイドライン
保健衛生・安全対策	・保健衛生に関する理解を深め、適切に保健計画の作成と活用ができる力を養う。 ・安全対策に関する理解を深め、適切な対策を講じることができる力を養う。 ・他の保育士等に保健衛生・安全対策に関する適切な助言及び指導ができるよう、実践的な能力を身に付ける。	○保健計画の作成と活用 ○事故防止及び健康安全管理 ○保育所における感染症対策ガイドライン ○保育の場において血液を介して感染する病気を防止するためのガイドライン ○教育・保育施設等における事故防止及び事故発生時の対応のためのガイドライン
保護者支援・子育て支援	・保護者支援・子育て支援に関する理解を深め、適切な支援を行うことができる力を養い、他の保育士等に保護者支援・子育て支援に関する適切な助言及び指導ができるよう、実践的な能力を身に付ける。	○保護者支援・子育て支援の意義 ○保護者に対する相談援助 ○地域における子育て支援 ○虐待予防 ○関係機関との連携、地域資源の活用

〔マネジメント研修〕

分野	ねらい	内容
マネジメント	・主任保育士の下でミドルリーダーの役割を担う立場に求められる役割と知識を理解し、自園の円滑な運営と保育の質を高めるために必要なマネジメント・リーダーシップの能力を身に付ける。	○マネジメントの理解 ○リーダーシップ ○組織目標の設定 ○人材育成 ○働きやすい環境づくり

〔保育実践研修〕

分野	ねらい	内容
保育実践	・子どもに対する理解を深め、保育者が主体的に様々な遊びと環境を通じた保育の展開を行うために必要な能力を身に付ける。	○保育における環境構成 ○子どもとの関わり方 ○身体を使った遊び ○言葉・音楽を使った遊び ○物を使った遊び

第14講　保育者の専門性の向上とキャリア形成の意義

169

Step3

1. 保育所におけるキャリア形成

　保育所では低年齢児のクラスであればもちろんのこと、1つのクラスを複数の保育士が担当する場合が多い。就職1年目の保育士が1人で1つのクラスを任されることはほとんどなく、ある程度経験のある保育士と組んで保育にあたることになる。そのなかで先輩保育士のやり方を見て、あるいはわからないことは聞いて、困ったことは相談して、その保育所での働き方を学んでいく。

　例えばある保育所では**図表14-4**にあるように、園長・主任のほか、3・4・5歳児の幼児クラスリーダー、0・1・2歳児の乳児クラスリーダーをおき、また、学年ごとのリーダーをおいている。0・1・2歳児クラスは保育士数が多くなることからサブリーダーもおかれている。このような体制のなかで保育士は、さまざまなクラスの担当の経験を積みながら、さまざまなリーダーのもとで保育を行う。何年かの経験を積んだのちにクラスリーダーを経験することになる。それまでには保育士として一通りのことができるようになり、これまでに組んだリーダーから、リーダーの役割を理解し、自分の理想とするリーダー像を構築する。そして自分がリーダーとなり、その役割を果たしていく。

　また各クラスにはパートタイムの保育士がフリーや午前のみ、夕方のみなどの形で入っている。そのためパートタイムの保育士を含めた保育士間の連携はもちろん、看護師や栄養士などの他の専門職との連携も求められる。こうした連携・協働においては、互いを尊重し合う姿勢が求められる。役割を分担しながらも、子どもの保育のために協働して役割を果たしていくという仕事の進め方を必然的に身につけていくこととなる。

　これまで、保育現場においては、園長・主任保育者のもとで、初任から中堅の保育者が、これらのクラスリーダーの役割を与えられたり、また多様な保育の課題へ

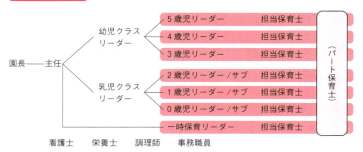

図表14-4　保育所内における組織の例

の対応や若手保育者の指導といったリーダー的な役割を与えられて職務にあたってきた。しかしながらこれらの役割が給与に反映されたり、段階的なキャリアとして積み上がっていくというものではなかったことから、今後、職務内容に応じた専門性の向上を図ることが求められている。

2. キャリアの中断と継続

　一般的にキャリアというと、新卒で勤めてから働き続けていくことによって形成されていくものである。しかし、保育士の状況はその限りではない。保育所は女性の職員が多い職場であり、そのライフコースのなかでさまざまな選択が存在する。**図表14-5**はさまざまな保育士のライフコースを示したものであるが、すべての保育士が新卒で勤めた保育所で定年まで勤め続ける（**図表中①**）とは限らない。よりよい条件を求めて、勤務する保育所を変えていく場合もある（**図表中②**）。また結婚・出産など何らかの理由で一旦保育所を辞め、一定の時期をおいてから、同じ保育所へ再就職（**図表中③**）、もしくは別の保育所に再就職（**図表中④**）ということもあるし、正規職員としてではなくパート保育士として勤務する場合もある（**図表中⑤**）。一旦離職した保育士がそのまま再就職しないこともある（**図表中⑥**）。またこれらとは異なるコースとして、保育士以外の職業に就いてから退職し、その後一定期間をおいて初めて保育士として就職ということもある（**図表中⑦**）。保育士以外の職業としては、同じ保育の仕事をする幼稚園教諭という場合もあるが、まったく異なる業種のこともある。

　保育士のキャリアは必ずしも継続しているわけではなく、中断することも、再開

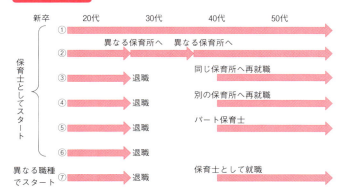

図表14-5 保育士のさまざまなライフコースとキャリア

することもある。保育士が不足する現代においては、いったん離職した保育士や、資格をもっていても異なる職種で働いている資格保有者を雇用し、保育士を確保しようとしている。保育士によって異なるライフコースがあり、キャリアの形成過程も異なるなかで、研鑽を積み、専門性を高めることができるようにしていかなければならない。

参考文献

● 秋田喜代美「保育者のライフステージと危機──ステージモデルから読み解く専門性」『発達83』2000.

● 野口隆子「保育者の専門性とライフコース──語りの中の"保育者としての私"」『発達134』2013.

● 小櫃智子・矢藤誠慈郎編著『これまでの学びと保育者への歩み』わかば社，2014.

COLUMN 保育カンファレンス

　保育について実践事例を基に話し合いを行う形式を、保育カンファレンスという。職場内研修において用いられることが多く、園によっては保育者同士で行うこともあれば、園長・主任等管理職や外部の保育者・研究者が参加して行うこともある。そこでは、実践事例について、担任保育者の子どもの姿の読み取りや援助の妥当性について、協議が行われる。保育について話し合うという点では、その日の保育での出来事を午睡中や保育後の掃除をしながら、あるいはお茶を飲みながら話すことも、保育カンファレンスに含まれるかもしれない。

　保育カンファレンスは何か一つの結論を出すことが目的ではなく、また保育者の子ども理解やかかわりが正しいとか間違っているとかを判断することでもない。保育者同士が互いの意見に耳を傾け、自分だったらどのように考えるか、なぜその保育者がそのように考えるのかということに思いを巡らせることによって、他者の考えを知り、多様な解釈の可能性を得ることができるのである。

（西坂小百合）

第 15 講
保育におけるリーダーシップ

園の保育の質を組織的に高めていくには、保育者同士が協働し、学び合うことが求められる。そうした状況は自然発生的に生じるわけではなく、誰かがそのきっかけをつくり出し、それを広げていく工夫を仕掛けていかなければならない。それがリーダーの大きな役割の１つである。

本講では、園長をはじめとする園のさまざまなリーダーの、個々の保育者の力を十分に出し合えるようなリーダーシップについて考えていく。

Step 1

1. 保育所保育指針における職員の資質向上の基本

　ここではまず、保育所保育指針（以下、保育指針）を材料に、園長のあり方について考えていくが、その内容は、幼稚園、認定こども園でも同様である。

　さて、保育指針では「第5章　職員の資質向上」の前文において、「保育所は、質の高い保育を展開するため、絶えず、一人一人の職員についての資質向上及び職員全体の専門性の向上を図るよう努めなければならない」と、保育者一人ひとりだけでなく職員全体、つまり組織として専門性を高めることが求められている。

　「1　職員の資質向上に関する基本的事項」では「(1)　保育所職員に求められる専門性」として、「子どもの最善の利益を考慮し、人権に配慮した保育」を行うために、その基盤として「職員一人一人の倫理観、人間性並びに保育所職員としての職務及び責任の理解と自覚」が示されている。そのうえで、保育者が「職務内容に応じた専門性を高めるため、必要な知識及び技術の修得、維持及び向上に努めなければならない」と自己研鑽に努めることが求められている。

　一方、「(2)　保育の質の向上に向けた組織的な取組」では、保育所が、「保育の質の向上に向けた課題に組織的に対応する」ことが求められており、そのために「保育内容の改善や保育士等の役割分担の見直し等」に取り組んだり、一人ひとりの保育者が「必要な知識及び技能を身につけられるよう」努めたりするなど、保育者の資質向上を個々人にゆだねるのではなく、園としての取り組みに努めなければならないことが示されている。

　こうした課題に取り組んでいくときに、リーダーはどのような役割を果たすべきなのだろうか。

2. 保育所保育指針におけるリーダーの役割

　保育指針「第5章　職員の資質向上」の「2　施設長の責務」において、まず「(1)　施設長の責務と専門性の向上」として、保育所のリーダーである施設長の責務の基本が示されている。なお、保育所の施設長は法的に規定されておらず、一般的に、所長、園長等と呼ばれるが、ここでは園長という通称を用いることとする。

　園長は、個人の勝手な認識や独善的な方針で園を運営するわけではない。「保育所の役割や社会的責任を遂行する」という要請に適切に応えるために、まず、「法令等を遵守」することや、「保育所を取り巻く社会情勢等を踏まえ」ることが求められている。そのうえで、園長自らの「専門性等の向上に努め」ること、および園

の「保育の質及び職員の専門性向上のために必要な環境の確保」に努めることが求められている。

ここで求められているリーダーシップは、有能な園長がそうでない保育者集団をぐいぐい引っ張るといったモデルではなく、園の保育者がその専門性を高めて保育の質を向上させていけるような環境をつくることであり、そのために園長自身が、リーダーとしての専門性の向上に省察的に努めることが求められているのである。

具体的には、「(2) 職員の研修機会の確保等」にあるように、園長が、保育所の全体的な計画をふまえ、個々の保育者に必要な研修課題をふまえて、「体系的・計画的な研修機会を確保」することが求められている。それを実現するために、「職員の勤務体制の工夫等」によって、保育者が「計画的に研修等に参加し、その専門性の向上が図られるよう」に努めなければならないのである。

3. 研修機会を提供する

園長には、園の保育の質や保育者の専門性向上のために必要な環境を確保することとして、「体系的・計画的な研修機会」を保育者に提供することが求められている。ではどのような研修機会を確保することが求められているのだろうか。研修に関しては**第13講**で詳述したが、あらためて確認しておこう。

保育指針では、園長が提供すべき研修として、園内研修と園外研修が示されている。「3　職員の研修等」の「(1)　職場における研修」つまり園内研修については、保育者が「日々の保育実践を通じて」専門性の向上を図ることが大切であることが示されている。そして組織として「保育の課題等への共通理解や協働性を高め、保育所全体としての保育の質の向上を図っていく」ために、「日常的に職員同士が主体的に学び合う姿勢と環境が重要」だと考えられており、そのために園内研修が推奨されているのである。正しい知識を園長から学ぶ、といったことではなく、保育者一人ひとりの日々の保育からの気づきや試みなどを交わし合って、保育理念や方針を共有していき、共に試行錯誤しながら学び合うことが大切だと考えられており、したがって園長にとっては、そういう組織の状況をつくり出すことが責務となるのである。

ただし、園内で学び合うだけでは、新たな専門知識や技術を取り込むことが難しい。そのため「(2)　外部研修の活用」が勧められており、「必要に応じて、こうした外部研修への参加機会が確保されるよう努めなければならない」とされている。保育の質を向上させるためには、園の内部の保育者の力を出し合うだけでなく、外

部から情報や知識、あるいは技術を取り込んで、園内での学び合いをより豊かにしていく必要がある。こうした観点からすると、保育を公開して、参観者と率直にカンファレンスを行うといったことも効果的であり、こうした機会をコーディネートするのも園長等の責務であろう。

4. 研修を効果的に計画する

ここでは保育指針「第5章 職員の資質向上」の「4 研修の実施体制等」からリーダーとしての園長が行うべきことを考える。

まず「(1) 体系的な研修計画の作成」で、「保育所における保育の課題や各職員のキャリアパス等も見据えて、初任者から管理職員までの職位や職務内容等を踏まえた体系的な研修計画を作成しなければならない」とされている。園の組織全体を見わたして、園の保育にどのような課題があるか、一人ひとりの保育者の経験の積み重ねや専門的成長、また担当する職務について、どのような課題があり、どのような学びが必要かを考えて、一人ひとりの保育者及び園全体の研修計画を立案していかなければならない。その際、一人ひとりの保育者の自己評価や園長・主任等による評価、また本人の意向等をふまえ、面談などを通して、専門家としての成長や課題についての共通理解をもちながら進めていくことが各保育者の意欲的な取り組みにつながると考えられる。

また「(2) 組織内での研修成果の活用」として、園外での研修に参加した保育者が自らの専門性の向上を図るだけでなく、「研修で得た知識及び技能を他の職員と共有することにより、保育所全体としての保育実践の質及び専門性の向上につなげていく」ことが求められている。一人ひとりの保育者の学びを園全体で共有し、それぞれの保育者の専門性の向上と園の組織としての保育の質の向上につなげていかなければならないのである。

加えて、園長等のリーダーが配慮すべきこととして「(3) 研修の実施に関する留意事項」が示されており、研修の受講が、「特定の職員に偏ることなく行われるよう」配慮することが求められている。また、「研修を修了した職員については、その職務内容等において、当該研修の成果等が適切に勘案されることが望ましい」として、学んだことが生かされる職務の分担や、研修を受講して資質向上に努めることが処遇の向上につながることが目指されている。このことは、保育の質の向上や保育者の専門性の向上はもちろんのこと、保育者のやりがいや意欲にも配慮すべきことを示しているといえる。

5. 保育士等キャリアアップ研修

　前項の、保育者のキャリアパス（専門家としての成長の道筋）をふまえ、研修等による学びの積み重ねが賃金等の処遇に反映することが目指されており、そのうちのミドルリーダーの研修が「保育士等キャリアアップ研修」として制度化された（平成29年4月1日雇児保発0401第1号厚生労働省雇用均等・児童家庭局保育課長通知「保育士等キャリアアップ研修の実施について」）。

　この制度は、現在の保育現場において、「園長、主任保育士の下で、初任後から中堅までの職員が、多様な課題への対応や若手の指導等を行うリーダー的な役割を与えられて職務にあたっており、こうした職務内容に応じた専門性の向上を図るための研修機会の充実が特に重要な課題」となっているという認識のもとに、保育指針における上記の課題に照らして、研修の修了が賃金加算をともなうという処遇改善とのセットで組み立てられている。

　なお、研修分野は「専門分野別研修」、「マネジメント研修」及び「保育実践研修」であり、専門分野別研修には①乳児保育、②幼児教育、③障害児保育、④食育・アレルギー対応、⑤保健衛生・安全対策、⑥保護者支援・子育て支援の6分野が設定されている。

Step2

1. 保育におけるリーダーシップの基盤

Step 1 で、園長の役割が「保育の質及び職員の専門性向上のために必要な環境の確保」にあることを示した。「保育の質を高めよう」と呼びかけるだけで保育が高まるということはまずない。園を、保育の質を高めるような組織（チーム）にしていく必要がある。このチームづくりのリーダーシップが、保育の質の向上が求められる時代の保育リーダーの大きな役割と責務の1つだといえる。

この観点から保育におけるリーダーシップについて考えてみよう。

自ら判断できる保育者を育てる

保育実践の場では、保育に関する専門的な理論や知識等を基盤として、園の方針をふまえつつ、園での日々の出来事に直接かかわるのは一人ひとりの保育者であり、子どもはその1つひとつの出来事を通じて育つ。園長などのリーダーは、保育者の一挙手一投足が気になるかもしれないが、実践のすべてをリーダーが把握し、思うように動かすことは不可能だ。むしろリーダーが見聞きしているのは実践のごく一部にすぎない。それぞれの実践場面では、保育者自身がそのつど、さまざまな行為の選択肢を一瞬で検討して判断し意思決定し、行動するしかない。だとすると、リーダーは、保育者を思うように動かすのではなく、保育者が自ら適切に、あるいはよりよく判断し、動くことができるように育てる必要がある。

モチベーションを高める

自ら判断できる保育者が育つためには、保育者一人ひとりのモチベーションが重要な基盤の一つとなる。保育へのモチベーションが高いことで、いろいろなことに前向きに取り組むことができ、試行錯誤がうながされ、学びを深めることにつながりやすくなる。

人にある動機をうながしたいときに、例えば、いわゆる「アメとムチ」のような外発的な働きかけが行われることがある。これは、同じ作業を機械的に繰り返すようなルーティン・ワークには有効であると考えられる。しかし保育実践は、二度と繰り返されない、そして正解がわからないような、実践の1つひとつの場面において、保育者がそのつど状況と対話しながら専門知を駆使して判断して実践を創出するという、いわば創造的な営みだ。創造的な営みにおいてモチベーションを高めるには、内発的動機づけ、つまり自らそうしたいという意欲が生み出されることが大切だ。その際、アメリカの文筆家であるピンク（Pink, D. H.）が示した提案が参

考になる。

　創造的な行為をよりよく進めていくためには内発的な動機づけが必要であり、それは、次の３つの要素から成り立つとピンクは述べている。第一に、「自律性」であり、これは自主決定性という人が本来もっている能力のことであり、それを引き出すことが重要になる。第二に、「マスタリー（熟達）」であり、これは何か価値あることを上達させたいという欲求であり、リーダーはそういうメンバーの気持ちを呼び覚ます必要がある。第三に、「目的」であり、これがあることによって、自分の欲求を志（自分以外のより大きな、高邁な目的）に結びつけることが可能になる。

　だとすると、リーダーとしては、保育者の心に直接踏み込んであれこれさせようと働きかけるよりも、自らがそうしたいと思う、あるいは自然にそうなるような環境をこれら３つの要素に照らして整えることが必要だ。

2. リーダーシップの技法

謙虚に問いかける

　園長は、園の保育者とどのようにかかわりあい、人と組織を育てていけばよいのだろうか。アメリカの心理学者シャイン（Schein, E. H.）は、自ら話し、動くメンバーを育て、良好な人間関係を築き、強い組織をつくるためのリーダーの技法として、「謙虚な問いかけ（humble inquiry）」を提唱している。

　リーダーには、権威にひれ伏すような類の謙虚さではなく、よりよい仕事を行うために、共に働く人への敬意をもってへりくだることが必要だとして、①自分から一方的に話すのを控える、②「謙虚に問いかける」という姿勢を学び、相手にもっと質問するよう心がける、③傾聴し、相手を認める努力をするという技法を推奨している。相手に興味をもち、偏見や先入観を避け、相手を怖がらせない方法で情報を得るよう努めることや、相手を誘導したり、優等生的な回答を期待していると感じさせたりしないようにし、相手とその状況についてきちんと知りたいと考えているということが、相手に伝わるようにすることが必要だとしている。

保育者の精神にダメージを与えない

　就職した時点で専門家として一人前ということはまずない。園が保育者を育てていかなければならない。園長などのリーダーが保育者を育てたいと思うなら、「保

第15講　保育におけるリーダーシップ

179

育者の精神にダメージを与えない」ということを押さえておく必要がある。

　人を育てるときに、ある信念を言葉で押しつけて人格を変えさせようとしても、たいていはうまくいかない。正しいことを言えば相手がそうできるようになるというものではない。そして相手が思い通りにならない時に、問い詰めたり、厳しい言葉を浴びせたり、それを繰り返したりして、精神に傷を負わせ無力化してしたがわせようとする、といったことが起こる。精神に傷を負うと、人は思考や感情を停止してしたがうことを決め込むか、病気になったり、仕事を辞めたりする。残った人はたいてい同じやり方を踏襲し、自分もそういう思考・行動様式に陥っていくので、自発的な思考や判断などの専門性が組織的に低下するという悪循環が起こり、チーム力が低下し、保育の質に問題が生じる可能性が高まる。人を育てるということは、人に力を与えて自分で考えたり行動したりできるようにすることだということを、リーダーは理解しておく必要がある。

3. 保育におけるリーダーシップのあり方

　保育者を目指す読者のなかには、将来、園長や主任などの「リーダー」になる人も多いはずである。リーダーになった時に、多くの人が「リーダーとしてどのようにこの園を引っ張っていけばいいのだろう」と悩むはずだ。

　しかし、先にも述べたように、リーダーは園の保育者や職員を「どうにか自分が思うように変えよう」とするより、環境の設定を工夫してその人たちが、自ら「質の高い仕事をしよう」とか、「～がしたい」と思うように、そして力を発揮し、伸ばしていけるように支援すればよいのではないだろうか。

　このことは、リーダーシップのあり方に新たな視点を提供する。リーダーシップというと、一般的に、その魅力によって組織のメンバーを惹きつけ、その有能さによってメンバーをある方向に引っ張る、「カリスマ的リーダーシップ」が想定されているのではないか。しかし、保育所保育指針（以下、保育指針）でいわれていたように、人がよりよく働く環境をつくることが保育リーダーの責務だとすると、メンバーを引っ張るよりも、環境を整えてメンバーが力を発揮することを助けるようなリーダーシップのスタイルが求められる。

　こうしたリーダーシップを考える際に、グリーンリーフ（Greenleaf, R. K.）が1970年代にとなえた「サーバント・リーダーシップ」、いわば調整型のリーダー像が、近年あらためてクローズアップされている。引っ張ったり支配したりするより、説得し、メンバーの知を引き出し、成長を支えるといったリーダーシップのあ

り方が、有効なものとして注目されてきており、前述の保育指針におけるリーダー像にも適合するものとなっている。サーバントとは奉仕する人のことであり、つまりグリーンリーフは、リーダーを支配者ではなく奉仕者ととらえている。こうしたリーダーの配慮や援助によって、チームのメンバーである保育者がそれぞれの力を発揮しやすくなり、チームとしての力が高まり、保育の質を高める可能性が高くなるのである。

4. 省察的なリーダー

Step 1で述べたように、保育指針では、園長自らの専門性等の向上に努めることが求められている。当然だが、完全なリーダーなど存在しない。だとすると、園長等の保育リーダーは、自らのリーダーシップのあり方やその実際の働きについて、自己評価により振り返り、メンバーの思いや意見を謙虚な問いかけによって積極的に受け止めつつ、不断に省察し、改善を図っていくことが求められる。その姿勢こそが、保育者が実践を省察することによりその専門性を高めていくという成長のあり方のモデルにもなるのである。

なお、リーダーシップは園長や主任だけが発揮するものではないことも確認しておきたい。園での実践にはさまざまな営みがあり、クラスや学年のリーダー、食育のリーダー、ある行事のリーダー、園内研修のために分けられた小グループのリーダーなどさまざまなリーダーシップが多様に重層的に存在する。それらのリーダーシップが特定のリーダーに集中するのではなく、多くのメンバーが分担しながら責任をもって協働し合うことが、保育の質を高めるチームとしての機能を高めていくのである。

Step3

1. マネジメントとは

　マネジメントは、「経営」などと訳すことができる。経営というと、企業が利益を上げる努力と考えられがちであるが、より根本的な意義としては、限られた資源を活用して最大限の成果をあげようとする努力や工夫のことである。時代が変わったから経営が必要になったというのではなく、園という組織に経営は本来不可欠だ。

　では園のリーダーはどのような資源をマネジメントしていくのだろうか。マネジメントの対象となる資源として、一般には、カネ（財務）、ヒト（人事）、モノ（施設・設備）等があげられる。それらももちろん、広い意味でのマネジメントの重要な側面だ。しかしここでは、保育の質を高めるチームをつくっていくためにマネジメントすべき対象として、価値、専門知、組織文化をあげておきたい。

2. 保育の質の向上へのマネジメント

価値のマネジメント

　保育の質を高めるチームをつくるためにマネジメントする対象として価値をマネジメントするとはどういうことだろうか。それは、園の保育の質を確かなものとしていくこと、つまり園が本来もつべき価値を、目に見えるものとして具体的に実現していくことである。

　各園が大切にしている価値は、保育理念や保育目標に象徴的に示される。問題は、それをどう実践につなげて実際に成果をあげていくかだ。価値がぶれないようにすることが、後述のマネジメントの過程にもかかわってくる。

専門知のマネジメント

　園がより質の高い保育を行っていくためには、独善ではなく根拠に基づいた保育を進めていく必要がある。根拠には大きく、科学知と経験知の2つがある。科学知は学問を通じて明らかになった専門知で、経験知は経験の積み重ねや交流から醸成された専門知である。科学知は、例えば子どもの心身の発達の一般的な過程や、感染症への対応などのように、基本的には客観的で、一応正しいものとして理解し、活用すべき知である（なお、ここでいう「知」とは、知識や技能の総体である）。一方、経験知は、個々の実践場面で即興的に働く知である。

園ではこれらの専門知を組織的に培（つちか）っていく必要がある。つまり、知（knowledge）のマネジメント（ナレッジ・マネジメント）が必要になってくる。その際、科学知は、研修などを通じて、専門家による適切な訓練を通じて身に付けていくことになる。一方、経験知は、実践の積み重ねにより保育者に蓄積される。こうした知を個人の内に留めず、園内研修などを通じて交わし合い、高め合うことで、個々の保育者の専門性が向上し、園が保育の質を高めるチームとなっていくことができる。こうした専門知の交流をうながす（ファシリテートする）ことが、リーダーの役割の1つである。

組織文化のマネジメント

組織文化とは、シャイン（Schein, E. H.）によると、「組織成員に共有された、価値、規範（きはん）、信念の体系」である。シャインのいう価値とは、組織にとって何が善で何が正しいことなのかについての考え方であり、規範とは、組織においてどのような行動が取られるべきかについての、多くの場合明文化はされていない規則であり、信念とは、「〜すべき」、「AとはBである」といった、事実認識にかかわるものである。保育リーダーは、園の組織文化をよりよいものへと方向づけていくために、子どもの最善の利益を目指し、保育理念を適切に設定して保育者間で共有し、そのために質の高い保育を行い、実践の質を向上させるよう積極的に試行錯誤（しこうさくご）していかなければならない。

3. 組織のプロセスをマネジメントする

保育所保育指針においては「第1章　総則」の「3　保育の計画及び評価」、幼稚園教育要領においては「第1章　総則」の「第4　指導計画の作成と幼児理解に基づいた評価」、幼保連携型認定こども園教育・保育要領においては、「第1章　総則」の「第2　教育及び保育の内容並びに子育ての支援等に関する全体的な計画等」において、保育・教育のカリキュラムをマネジメントすることが求められている。そして保育の質を高めるマネジメントの過程のあり方として、「PDCAサイクル」（Plan-Do-Check-Action：計画−実践−評価・省察−改善）をふまえた取り組みが求められている。リーダーは、PDCAサイクルを意識した保育の過程をマネジメントし、その過程にすべての保育者が参画して、園が組織的に保育の質の向上に向かうようなチームをつくっていかなければならない。

参考文献

● ロバート・K・グリーンリーフ，金井壽宏監訳『サーバントリーダーシップ』英治出版，2008.

● ダニエル・ピンク，大前研一訳『モチベーション3.0――持続する「やる気！をいかに引き出すか」』講談社，2010.

● ジリアン・ロッド，民秋言監訳『保育におけるリーダーシップ――いま保育者に求められるもの』あいり出版，2009.

● エドガー・H・シャイン，金井壽宏監訳『問いかける技術――確かな人間関係と優れた組織をつくる』英治出版，2014.

● エドガー・H・シャイン，清水紀彦・浜田幸雄訳『組織文化とリーダーシップ――リーダーは文化をどう変革するか』ダイヤモンド社，1989.

● イムラ・シラージ・エレーヌ・ハレット，秋田喜代美監訳『育み支え合う保育リーダーシップ――協働的な学びを生み出すために』明石書店，2017.

● 秋田喜代美・馬場耕一郎監『保育士等キャリアアップ研修テキスト7　マネジメント』中央法規出版，2018.

● 今井和子編著『主任保育士・副園長・リーダーに求められる役割と実践的スキル』ミネルヴァ書房，2016.

● 田澤里喜・若月芳浩編著『保育の変革期を乗り切る園長の仕事術――保育の質を高める幼稚園・保育所・認定こども園の経営と実践』中央法規出版，2018.

● 矢藤誠慈郎『保育の質を高めるチームづくり――園と保育者の成長を支える』わかば社，2017.

参考資料

参考資料1 階層・職位ごとの保育所保育士の職務内容

階層・職位	職務内容
初任者 （〜入職3年目まで）	①日常の保育業務の実施、チームによる保育の実施　②指導計画の策定　③保護者との連携に基づく保育の実施　④保護者への支援の補助
中堅職員 （4〜5年目）	①初任者の指導　②保護者との連絡・調整　③保護者への相談援助　④初任者と日々の業務の共有　⑤リーダー等との連携
リーダー的職員 （6〜10年目）	①主任保育士の補佐　②組織運営（職員の管理、指導、評価等）の補佐　③地域子育て支援の担当　④チームによる保育業務の支援・指導
主任保育士等管理的職員（11年以上）	①所長の補佐　②施設全体の組織運営（職員の管理、指導、評価等）に携わる　③指導計画の評価　④所長の補佐、指導計画の評価指導、自己評価の二次評価の実施

資料：全国保育士会「保育士・保育教諭が誇りとやりがいを持って働き続けられる、新たなキャリアアップの道筋について　保育士等のキャリアアップ検討特別委員会報告書」（2017）をもとに作成。

参考資料2 乳児院 倫理綱領

　乳児院の責務は、子どもの生命（いのち）と人権を守り、子どもたちが日々こころ豊かにかつ健やかに成長するよう、また、その保護者が子どもたちによりよい養育環境を整えられるよう支援することです。

　私たちはこのことを深く認識し、子育て支援に対する社会からの要請に応えるべく、日々自己研鑽に励み、専門性の向上をめざします。そして、子どもたちの育ちを支える生活の場として、すべての職員が心をあわせ、子どもたちの幸福（しあわせ）を実現するための拠りどころを、次に定めます。

（基本理念）

　私たちは、社会の責任のもとに、子どもたちの生命（いのち）を、かけがえのない、社会で最も尊いものとして大切に守ります。

　私たちは、子どもたちによりそい、その思いを代弁するよう努めるとともに、専門的役割と使命を自覚し、一人ひとりの子どもの最善の利益の実現に努めます。

（権利擁護）

　私たちは、児童憲章と子どもの権利条約の理念を遵守し、子どもたちの人権（生きる権利、育つ権利、守られる権利、参加する権利）を尊重します。

　私たちは、子どもたちへのいかなる差別や虐待も許さず、また不適切なかかわりをしないよう、自らを律します。

（家庭的養護と個別養護）

　私たちは、家庭的な養育環境のもとで、子どもたちが安心して生活できるよう、子どもたち一人ひとりの成長発達をきめ細かく、丁寧に見守っていきます。

（発達の支援）

　私たちは、子どもたち一人ひとりと信頼関係を築き、子どもたちが健全な心身の発達ができるよう育ちを支えます。

（家庭への支援）

　私たちは、関係機関と協働し、家庭機能の回復を援助するとともに、保護者や里親と子どもたちを継続的に支援します。

（社会的使命の遂行）

　私たちは、関係機関と協働し、虐待防止の推進を図るとともに、地域の子育て支援や里親支援などの社会貢献に努めます。

平成20年5月9日（平成26年5月12日一部改正）

社会福祉法人全国社会福祉協議会　全国乳児福祉協議会

参考資料3 全国児童養護施設協議会 倫理綱領

社会福祉法人 全国社会福祉協議会

全国児童養護施設協議会

原 則

　児童養護施設に携わるすべての役員・職員（以下、『私たち』という。）は、日本国憲法、世界人権宣言、国連・子どもの権利に関する条約、児童憲章、児童福祉法、児童虐待の防止等に関する法律、児童福祉施設最低基準にかかげられた理念と定めを遵守します。

　すべての子どもを、人種、性別、年齢、身体的精神的状況、宗教的文化的背景、保護者の社会的地位、経済状況等の違いにかかわらず、かけがえのない存在として尊重します。

使 命

　私たちは、入所してきた子どもたちが、安全に安心した生活を営むことができるよう、子どもの生命と人権を守り、育む責務があります。

　私たちは、子どもの意思を尊重しつつ、子どもの成長と発達を育み、自己実現と自立のために継続的な援助を保障する養育をおこない、子どもの最善の利益の実現をめざします。

倫理綱領

1．私たちは、子どもの利益を最優先した養育をおこないます

　　一人ひとりの子どもの最善の利益を優先に考え、24時間365日の生活をとおして、子どもの自己実現と自立のために、専門性をもった養育を展開します。

2．私たちは、子どもの理解と受容、信頼関係を大切にします

　　自らの思いこみや偏見をなくし、子どもをあるがままに受けとめ、一人ひとりの子どもとその個性を理解し、意見を尊重しながら、子どもとの信頼関係を大切にします。

3．私たちは、子どもの自己決定と主体性の尊重につとめます

　　子どもが自己の見解を表明し、子ども自身が選択し、意思決定できる機会を保障し、支援します。また、子どもに必要な情報は適切に提供し、説明責任をはたします。

4．私たちは、子どもと家族との関係を大切にした支援をおこないます

　　関係機関・団体と協働し、家族との関係調整のための支援をおこない、子どもと、子どもにとってかけがえのない家族を、継続してささえます。

5．私たちは、子どものプライバシーの尊重と秘密を保持します

　　子どもの安全安心な生活を守るために、一人ひとりのプライバシーを尊重し、秘密の保持につとめます。

6．私たちは、子どもへの差別・虐待を許さず、権利侵害の防止につとめます

　　いかなる理由の差別・虐待・人権侵害も決して許さず、子どもたちの基本的人権と権利を擁護します。

7．私たちは、最良の養育実践を行うために専門性の向上をはかります

　　自らの人間性を高め、最良の養育実践をおこなうために、常に自己研鑽につとめ、養育と専門性の向上をはかります。

8．私たちは、関係機関や地域と連携し、子どもを育みます

　　児童相談所や学校、医療機関などの関係機関や、近隣住民・ボランティアなどと連携し、子どもを育みます。

9．私たちは、地域福祉への積極的な参加と協働につとめます

　　施設のもつ専門知識と技術を活かし、地域社会に協力することで、子育て支援につとめます。

10．私たちは、常に施設環境および運営の改善向上につとめます

　　子どもの健康および発達のための施設環境をととのえ、施設運営に責任をもち、児童養護施設が高い公共性と専門性を有していることを常に自覚し、社会に対して、施設の説明責任にもとづく情報公開と、健全で公正、かつ活力ある施設運営につとめます。

2010年5月17日　制定

参考資料4 指定保育士養成施設の修業教科目および単位数ならびに履修方法

	系列	教科目	単位数
教養科目 （8単位以上）		体育（講義・実技）各1単位	8
必修科目 （51単位）	保育の本質・目的に関する科目	保育原理（講義）	2
		教育原理（講義）	2
		子ども家庭福祉（講義）	2
		社会福祉（講義）	2
		子ども家庭支援論（講義）	2
		社会的養護Ⅰ（講義）	2
		保育者論（講義）	2
	保育の対象の理解に関する科目	保育の心理学（講義）	2
		子ども家庭支援の心理学（講義）	2
		子どもの理解と援助（演習）	1
		子どもの保健（講義）	2
		子どもの食と栄養（演習）	2
	保育の内容・方法に関する科目	保育の計画と評価（講義）	2
		保育内容総論（演習）	1
		保育内容演習（演習）	5
		保育内容の理解と方法（演習）	4
		乳児保育Ⅰ（講義）	2
		乳児保育Ⅱ（演習）	1
		子どもの健康と安全（演習）	1
		障害児保育（演習）	2
		社会的養護Ⅱ（演習）	1
		子育て支援（演習）	1
	保育実習	保育実習Ⅰ（実習）	4
		保育実習指導Ⅰ（演習）	2
	総合演習	保育実践演習（演習）	2
選択必修科目 （9単位以上）	保育実習	保育実習Ⅱまたは保育実習Ⅲ	2
		保育実習指導Ⅱまたは 保育実習指導Ⅲ	1
	必修科目と同じ系列から（保育実習、総合演習を除く）	上記以外	6

| 参考資料5 | 幼稚園教育要領 5領域のねらい |

領　域	ねらい
健康	〔健康な心と体を育て、自ら健康で安全な生活をつくり出す力を養う。〕 ① 明るく伸び伸びと行動し、充実感を味わう。 ② 自分の体を十分に動かし、進んで運動しようとする。 ③ 健康、安全な生活に必要な習慣や態度を身に付け、見通しをもって行動する。
人間関係	〔他の人々と親しみ、支え合って生活するために、自立心を育て、人と関わる力を養う。〕 ① 幼稚園生活*1を楽しみ、自分の力で行動することの充実感を味わう。 ② 身近な人と親しみ、関わりを深め、工夫したり、協力したりして一緒に活動する楽しさを味わい、愛情や信頼感をもつ。 ③ 社会生活における望ましい習慣や態度を身に付ける。
環境	〔周囲の様々な環境に好奇心や探究心をもって関わり、それらを生活に取り入れていこうとする力を養う。〕 ① 身近な環境に親しみ、自然と触れ合う中で様々な事象に興味や関心をもつ。 ② 身近な環境に自分から関わり、発見を楽しんだり、考えたりし、それを生活に取り入れようとする。 ③ 身近な事象を見たり、考えたり、扱ったりする中で、物の性質や数量、文字などに対する感覚を豊かにする。
言葉	〔経験したことや考えたことなどを自分なりの言葉で表現し、相手の話す言葉を聞こうとする意欲や態度を育て、言葉に対する感覚や言葉で表現する力を養う。〕 ① 自分の気持ちを言葉で表現する楽しさを味わう。 ② 人の言葉や話などをよく聞き、自分の経験したことや考えたことを話し、伝え合う喜びを味わう。 ③ 日常生活に必要な言葉が分かるようになるとともに、絵本や物語などに親しみ、言葉に対する感覚を豊かにし、先生*2や友達と心を通わせる。
表現	〔感じたことや考えたことを自分なりに表現することを通して、豊かな感性や表現する力を養い、創造性を豊かにする。〕 ① いろいろなものの美しさなどに対する豊かな感性をもつ。 ② 感じたことや考えたことを自分なりに表現して楽しむ。 ③ 生活の中でイメージを豊かにし、様々な表現を楽しむ。

　なお、保育所保育指針の3歳以上児の保育のねらいでは、＊1を「保育所の生活」、＊2を「保育士等」と表記され、幼保連携型認定こども園教育・保育要領の3歳以上児の教育および保育のねらいでは、＊1を「幼保連携型認定こども園の生活」、＊2を「保育教諭等」と表記されるが、5領域のねらいについては共通した項目が掲げられている。

参考資料6 要保護児童対策地域協議会について（子どもを守る地域ネットワーク）

果たすべき機能

要保護児童の早期発見や適切な保護を図るためには、
・関係機関が当該児童等に関する情報や考え方を共有し、
・適切な連携の下で対応していくことが重要であり、
市町村（場合によっては都道府県）が、要保護児童対策地域協議会を設置し、
(1) 関係機関相互の連携や役割分担の調整を行う機関を明確にするなどの責任体制を明確化するとともに、
(2) 個人情報保護の要請と関係機関における情報共有の在り方を明確化することが必要

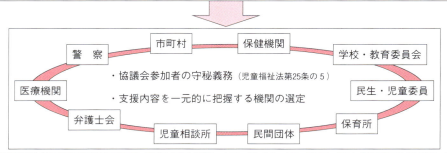

資料：厚生労働省「「要保護児童対策地域協議会（子どもを守る地域ネットワーク）スタートアップマニュアル」の公表について」2007. をもとに作成。

索 引

あ～お

愛着	53
遊び	9
アドボケーター	49
アプローチカリキュラム	132
アレルギー	116
安全管理	56
安全対策	57
安全の確保	56
育児不安	66
医師	114
一時預かり	36
1歳6か月健康診査	120
一種免許状	32
一体的	54
異年齢保育	140
医療機関	114
医療的ケア	121
医療的ケア児保育支援モデル事業	121
インクルージョン（包摂）	111
インテグレーション（統合）	111
ヴァンダー・ヴェン	165
運動機能	120
衛生管理	56
衛生習慣	103
栄養士	70
SIDS（乳幼児突然死症候群）	144
NAEYC	22
エピソード記録	93
園外研修	31
園長	32,100,175
園内研修	31,84,155
OJT	31
Off-JT	31

か～こ

外国籍	67
改善（Action）	18,78
外部研修	20
核家族化	52
学校教育法	8,58

カッツ, L. G.	165
家庭	70
家庭的保育	118
家庭的保育事業	138
家庭的保育事業ガイドライン	147
家庭的保育者	117
家庭的養護	62
家庭養護	62
カリキュラム・マネジメント	106
環境	5,54
環境構成	5
環境図	85
関係機関	71
関係性	153
看護師	22,70,114
観察	70
感情労働	153
感染症	56
危機管理	57
基礎研修	147
基本研修	36
義務教育	58
虐待	48
虐待防止	127
キャリア	171
キャリアパス	31,168
救急救命法	118
教育	52
教育課程	9
教育基本法	58
教育公務員特例法	35
教育職員免許法	32
教育・保育施設	138
共通理解	176
教頭	32
協働	81
共同作業者	82
業務独占	27
教諭	32
居宅訪問型保育	118
居宅訪問型保育事業	138
勤務体制	31
薬	117
クラスリーダー	170
倉橋惣三	49
ケア	48
計画（Plan）	18,78
傾聴	43
ケースワーカー	114
欠格条項	29

研究保育	84
健康	54
健康状態	101
健康診断	116
言語発達	120
研修計画	176
権利	52
個人情報の保護	27
子育て	115
子育て機能	52
子育て支援	9,20,69
子育て支援員	36
言葉	54
子ども・子育て会議	127
子ども・子育て支援事業計画	127
子ども・子育て支援新制度	36,111
子どもの最善の利益	14,174
子どもの人権	14
個別の支援	72
個別の指導計画	121
5領域	53
こんにちは赤ちゃん事業	119

さ～そ

サーバント	181
災害	57
再構築	48
里親	62
サブリーダー	170
3歳以上児	77
3歳児健康診査	120
3歳未満児	77
支援計画	121
歯科医師	116
歯科健診	116
事業所内保育	118
事業所内保育事業	138
事故	57
自己決定	69
自己評価	18,20
事故防止	57
資質	40
資質向上	30
施設型給付	118
施設長	174
施設長の責務	31
施設保育士	48
施設養護	62
自然災害	134

193

市町村	71,127	
実践（Do）	18,78	
実践記録	84	
指定保育士養成施設	26	
児童家庭支援センター	48	
指導監査	127	
指導計画	4,77	
児童厚生施設	48	
児童自立支援施設	48	
児童心理治療施設	48	
児童相談所	71	
児童の権利に関する条約	48	
児童発達支援センター	48,121	
児童福祉施設	48	
児童福祉施設の設備及び運営に関する基準	7,30	
児童福祉法	2,41	
児童養護施設	16,48	
市民参加	107	
社会資源	70	
社会的責任	14	
社会的役割	42	
社会的養護	62	
社会福祉法	81	
就学前の子どもに関する教育、保育等の総合的な提供の推進に関する法律	36	
就労	66	
主体的	6,52	
出産	115	
主任保育士	100	
守秘義務	18	
受容	69	
小1プロブレム	132	
障害	102	
障害児入所施設	48	
障害児保育	115,177	
障害者差別解消法	121	
障害者の権利条約	121	
小学校	46	
小規模保育	118	
小規模保育事業	138	
少子化	52	
情緒の安定	3,42	
ショーン，D.	156	
食育・アレルギー対応	177	
職員の資質向上	100	
嘱託医	116	
職場外研修	155	
食物アレルギー	116	
助産施設	48	

初任者研修	35
自立支援	62
自律性	179
人格形成	52
身体発達	120
信用失墜行為の禁止	27
睡眠	144
スタートカリキュラム	132
成育歴	101
生活空間	56
生活習慣	56,103
生活の場	40
省察	18,45,78
省察的実践者	107,156
精神発達	120
生命の保持	42
セーフティマネジメント	57
説明責任	105
全国児童養護施設協議会	16
全国児童養護施設協議会倫理綱領	16
全国乳児福祉協議会	16
全国保育協議会	17
全国保育士会	7,17
全国保育士会倫理綱領	14
専修免許状	32
全体的な計画	4,102
先天性代謝異常	120
全米乳幼児教育協会	22
専門研修	36
専門職	15
専門性の向上	168
専門的価値	14
専門的倫理	14
専門分野別研修	168,177
早期対応	120
早期発見	120
相談	101
相談支援	117
相談ニーズ	71
ソーシャルワーカー	22
組織	70,100
組織文化	157
粗大運動	76

た〜と

待機児童解消	138
第三者評価	80
対人援助	69
体調	101

代弁者	49
多胎児	67
男女共同参画社会	66
地域型保育給付	118
地域子育て支援拠点	36
地域子ども・子育て支援事業	117
地域社会	46
チーム	70
チームワーク	20,43
知のマネジメント	183
中央教育審議会	46
中堅教諭等資質向上研修	35
長時間保育	101
DV	48
定期点検	57
低出生体重児	67
低年齢児	64
デイリープログラム	141
テファリキ	106
同僚性	103,153,157
ドキュメンテーション	106
特別な配慮	67
特別免許状	32
都道府県	127

な〜の

内発的動機づけ	178
内容	59
ナレッジ・マネジメント	183
ニーズ	20,69
二種免許状	33
乳児	55,104
乳児院	16,48
乳児院倫理綱領	16
乳児家庭全戸訪問	119
乳児健康診査	120
乳児窒息死	144
乳児保育	177
乳幼児	27
乳幼児期	52
認可事業	127
人間関係	54
妊娠	115
ネグレクト	48
ねらい	59
年長児	104
ノーマライゼーション	121

は～ほ

育みたい資質・能力	132
ハザードマップ	134
発達過程	4,70
発達支援	58
発達障害	119
発達段階	143
発達段階モデル	165
PDCAサイクル	78
微細運動	76
ひとり親家庭	67
避難訓練	57
非認知能力	56
秘密の保持	18
秘密保持義務	27
評価（Check）	18,78
表現	54
病児保育事業	117
貧困	48
貧困家庭	67
ファシリテート	183
ファミリー・サポート・センター	36
ファミリーホーム	62
副園長	100
普通免許状	32
プライバシー権	14
プロセス	68
保育	115
保育観	84
保育カンファレンス	102,172
保育教諭	36,47
保育記録	80
保育参加	105
保育参観	105
保育士試験	29
保育実習	123
保育実践	80
保育実践研修	168,177
保育士等キャリアアップ研修	38
保育士等キャリアアップ研修ガイドライン	168
保育士登録簿	26
保育者	52
保育所	48
保育所所長	7
保育所等訪問支援	121
保育所保育指針	2,30
保育所保育指針解説	4
保育の意図	72
保育の環境	76
保育の計画	55
保育の質	181
保育目標	182
保育理念	182
保育を必要とする	42
放課後児童クラブ	36
報告	101
防災	134
防災マップ	134
法令遵守	31
保健衛生・安全対策	177
保健機関	114
保健師	114
保健指導	70,118
保健センター	118
保護者	69
保護者支援	2
保護者支援・子育て支援	177
母子健康手帳	118
母子生活支援施設	48
ボランティア	129

ま～も

マスタリー（熟達）	179
マニュアル	57
マネジメント	109,182
マネジメント研修	168,177
慢性疾患	67
ミドルリーダー	168,177
名称独占	27
免許状更新講習	34
目的	179
モチベーション	178
文部科学省	58

や～よ

養護	52
養護教諭	70
養護と教育	3,17
幼児期の終わりまでに育ってほしい姿	132
幼児教育	177
幼稚園	32
幼稚園教育要領	8,46
幼稚園教育要領解説	94
幼稚園教諭	7,46
幼稚園教諭免許	30
要保護児童対策地域協議会	71
幼保小連携	132
幼保連携型認定こども園	36,47,48
幼保連携型認定こども園教育・保育要領	68
予防接種	103

ら～ろ

ライフコース	171
リーダー	174
リーダーシップ	38,102,175,178
理解者	82
療育	114
利用者支援事業	121
臨時免許状	32
臨床心理士	22
倫理観	2
倫理綱領	16
倫理的ジレンマ	22
レッジョ・エミリア・アプローチ	106
連携	64
連携施設	143
連続性	46,115
連絡	101

新・基本保育シリーズ

【企画委員一覧】（五十音順）

◎ 委員長　○ 副委員長

相澤　仁（あいざわ・まさし）	大分大学教授、元厚生労働省児童福祉専門官
天野珠路（あまの・たまじ）	鶴見大学短期大学部教授、元厚生労働省保育指導専門官
石川昭義（いしかわ・あきよし）	仁愛大学教授
近喰晴子（こんじき・はるこ）	東京教育専門学校専任講師、秋草学園短期大学特任教授
清水益治（しみず・ますはる）	帝塚山大学教授
新保幸男（しんぼ・ゆきお）	神奈川県立保健福祉大学教授
千葉武夫（ちば・たけお）	聖和短期大学学長
寺田清美（てらだ・きよみ）	東京成徳短期大学教授
◎西村重稀（にしむら・しげき）	仁愛大学名誉教授、元厚生省保育指導専門官
○松原康雄（まつばら・やすお）	明治学院大学学長
矢藤誠慈郎（やとう・せいじろう）	岡崎女子大学教授

（2018年12月1日現在）

【編集・執筆者一覧】

編集

矢藤誠慈郎（やとう・せいじろう）　　岡崎女子大学教授

天野珠路（あまの・たまじ）　　　　鶴見大学短期大学部教授、元厚生労働省保育指導専門官

執筆者（五十音順）

天野珠路（あまの・たまじ）　　　　（前掲）　　　　　　　　　　　　第10講・第11講

上村麻郁（かみむら・まや）　　　　千葉経済大学短期大学部准教授　　第4講

坂﨑隆浩（さかざき・たかひろ）　　社会福祉法人清隆厚生会理事長、　第9講
　　　　　　　　　　　　　　　　　こども園ひがしどおり園長

鈴木道子（すずき・みちこ）　　　　NPO法人家庭的保育全国連絡協議会　第12講
　　　　　　　　　　　　　　　　　会長

瀧川光治（たきがわ・こうじ）　　　大阪総合保育大学教授　　　　　　第13講

千葉弘明（ちば・ひろあき）　　　　東京家政大学准教授　　　　　　　第5講

鶴　宏史（つる・ひろふみ）　　　　武庫川女子大学准教授　　　　　　第1講・第2講

中谷奈津子（なかたに・なつこ）　　神戸大学大学院准教授　　　　　　第6講

西坂小百合（にしざか・さゆり）　　共立女子大学准教授　　　　　　　第14講

矢藤誠慈郎（やとう・せいじろう）　（前掲）　　　　　　　　　　　　第3講・第15講

渡辺　桜（わたなべ・さくら）　　　名古屋学芸大学准教授　　　　　　第7講・第8講

撮影協力

第7講…社会福祉法人済聖会しんほそぐち保育園

保育者論

新・基本保育シリーズ⑦

2019年2月20日　発行

監　修	公益財団法人 児童育成協会
編　集	矢藤誠慈郎・天野珠路
発行者	荘村明彦
発行所	中央法規出版株式会社
	〒110-0016 東京都台東区台東3-29-1　中央法規ビル
	営　　業　Tel 03（3834）5817　Fax 03（3837）8037
	書店窓口　Tel 03（3834）5815　Fax 03（3837）8035
	編　　集　Tel 03（3834）5812　Fax 03（3837）8032
	https://www.chuohoki.co.jp/
印刷・製本	株式会社太洋社
装　幀	甲賀友章（Magic-room Boys）
カバーイラスト	市川文男（社会福祉法人 富岳会）
本文デザイン	タイプフェイス
本文イラスト	小牧良次（イオジン）

定価はカバーに表示してあります。

ISBN978-4-8058-5787-8

本書のコピー、スキャン、デジタル化等の無断複製は、著作権法上での例外を除き禁じられています。また、本書を代行業者等の第三者に依頼してコピー、スキャン、デジタル化することは、たとえ個人や家庭内での利用であっても著作権法違反です。

落丁本・乱丁本はお取替えいたします。